世界纸币上的名人

Famous People on Banknotes around the World

王宝生／编著

作家出版社

仰望星群　代序

　　纸币诞生的那天，人类物质文明也开启了新纪元。无论哪方地域、哪个国家，都以不同的经济形态结构出不同的价值取向。那些能够跃然纸币、闪耀星光的人物头像，展示着世界各领域的杰出开拓者们，以天才的发明与创造，驱动历史不断前行。他们在为世界创造巨大财富的同时，也为纸币的艺术构设，提供了丰富而生动的原生资源，由此构成了一幕幕璀璨生辉的不朽画面。

　　纸币是国家的名片，何等人物可以印上纸币，体现出这个国家的价值高度，纸币的设计、制作，也体现出不同国家的文化特征与艺术造诣，更展示了不同国家的经济实力与科学潜质。精美的纸币不仅是代表价值的交换工具，也为经济交流频添异彩。本书甄选纸币的标准，是为人类做出过杰出贡献的科学家、文学艺术家和著名的政治家、军事家、社会活动家等，他们大都有着光照史册的成就和不朽的传奇。本书收录了 40 多个国家和地区印有 145 位名人的纸币，包括被评为"全球十大最美"和入选 IBNS 年度"世界最佳"纸币中的多张名人纸币。书中除了扼要介绍他们非凡的人生功绩，还收录了代表他们世界观、人生观的经典警句和箴言，让我们了解到，伟大人物的精神世界是他们创造奇迹取之不尽的源泉，这远远超过纸币标注的价值。

　　世界风云变幻，光阴似水流年。这些精美的纸币中，发行最早的距今已有一百多年，基本都已退出流通，成为钱币艺术的收藏品，有些还是难得一见的"文物"。这些纸币的设计、雕刻、印刷，尽皆制作精美，无愧于纸币艺术的经典。欣赏这些纸币，犹如走入奇境中的博物馆，不仅能感受色彩斑斓、令人心醉神迷的艺术之美，更能见证那些灿若星群的先哲，怎样用智慧与才情，为人类创造了光照千秋的科学与文明史。

　　面对发行百年、数以百计的各国人物主题纸币进行收集、辨识、筛选，编写整理成为一部有知识、有趣味、有艺术欣赏性的图书，需多方面的考虑。在设计制作过程中，我坚持使用原币复制标准，除对极个别的大、小面幅币做了调整，增加部分水印效果，其余均保持原貌。并撰写收有主题人物名言的小文 140 篇，以飨读者。愿与读者仰止岁月之空的璀璨星群，寻觅契合我们与伟人的共同心声，领悟他们所赐箴言的极境之美与智慧。

王宝生
2024 年初春

目录

亚洲

2.阿曼／里亚尔／卡布斯
面　　额：5里亚尔　发行年份：2010年　规格：153mm×76mm
卡布斯·本·赛义德 Qabus Bin Said（1940—2020），阿曼苏丹，赛义德
王朝第14位君主，现代阿曼的"伟大的复兴者"

3.巴基斯坦／卢比／真纳
面　　额：1000卢比　发行年份：1988年　规格：176mm×74mm
穆罕默德·阿里·真纳 Mohammed Ali Jinnah（1876—1948），巴基斯坦
自治领首任总督，巴第一任总统，被誉为"巴基斯坦国父"

4.韩国／韩圆／李裪
面　　额：100韩圆　发行年份：1965年　规格：156mm×66mm
李裪 Yi Do（1397—1450），朝鲜世宗，字元正，尊称"世宗大王"，朝鲜王
朝第四代君主

5.蒙古／图格里克／成吉思汗
面　　额：1000图格里克　发行年份：2011年　规格：145mm×70mm
孛儿只斤·铁木真 Genghis Khan（1162—1227），尊号"成吉思汗"，13
世纪大蒙古帝国的奠基者，世界史上杰出的军事统帅

6.日本／日元／夏目漱石
面　　额：1000日元　发行年份：1984年　规格：150mm×76mm
夏目漱石 Soseki Natsume（1867—1916），日本近代文学史上不朽的作家，
日本社会尖锐的批判者，被称作"国民大作家"

7.日本／日元／樋口一叶
面　　额：5000日元　发行年份：2004年　规格：156mm×76mm
樋口一叶 Higuchi Ichiyo（1872—1896），日本近代批判现实主义文学开
拓者之一，第一位被印在日本纸币上的女性小说家

8.泰国／泰铢／普密蓬
面　　额：60泰铢　发行年份：1987年　规格：159mm×159mm
普密蓬·阿杜德 Bhumibol Adulyadej（1927—2016），泰国国王拉玛九世，
泰国历史上影响巨大的曼谷王朝第九位国王

9.土耳其／里拉／凯末尔
面　　额：100000里拉　发行年份：1970年　规格：158mm×76mm
穆斯塔法·凯末尔·阿塔图尔克 Mustafa Kemal Atatürk（1881—1938），
土耳其革命家、改革家，土耳其共和国缔造者，第一任总统，被尊称"土
耳其之父"

10.新加坡／新加坡元／尤索夫
面　　额：1000新加坡元　发行年份：1999年　规格：170mm×83mm
尤索夫·宾·伊萨克 Yusof Bin Ishak（1910—1970），新加坡政治家、首
任总统

11.以色列／里拉／爱因斯坦
面　　额：5里拉　发行年份：1968年　规格：150mm×75mm
阿尔伯特·爱因斯坦 Albert Einstein（1879—1955），世界公认的伟大
物理学家，现代物理学的奠基人，思想家和哲学家，被称为"世纪伟人"

12.印度／卢比／甘地
面　　额：500卢比　发行年份：2005年　规格：167mm×73mm
莫罕达斯·卡拉姆昌德·甘地 Mohandas Karamchand Gandhi（1869—
1948），印度民族解放运动领导人、印度国民大会党领袖，被誉为"印度
之父"，尊称"圣雄甘地"

13.越南／越南元／胡志明
面　　额：5000越南元　发行年份：1953年　规格：153mm×86mm
胡志明（1890—1969），越南民主共和国缔造者，越南劳动党主席、国家
主席、总理；反对法国殖民者、日本帝国主义和抗美救国战争的民族英雄

14—15. 中国／清代大清银行兑换券／李鸿章

面　　额：壹圆　发行年份：1909 年　规格：155mm×83mm

李鸿章（1823—1901），字渐甫，号少荃，安徽合肥人。晚清时期政治家、外交家，文华殿大学士，北洋通商大臣，直隶总督，洋务运动的主要倡导者

16. 中国／清代大清银行兑换券／载沣

面　　额：壹百圆　印行年份：1910 年　规格：183mm×96mm

爱新觉罗·载沣（1883—1951），字伯涵，号静云，清光绪帝载湉异母弟，宣统帝溥仪生父，军机大臣，宣统年间任监国摄政王，代理陆海军大元帅

17. 中国／民国时期中国银行券／袁世凯

面　　额：伍拾圆　印行年份：1914 年　规格：178mm×92mm

袁世凯（1859—1916），字慰亭，号容庵，洗心亭主人，河南项城人。中国近代史上著名的政治家、军事家，北洋军阀领袖，清末内阁总理大臣，首任中华民国大总统

18. 中国／民国时期浙江兴业银行兑换券／管仲

面　　额：壹圆　发行年份：1923 年　规格：146mm×83mm

管仲（约前 723—前 645），姬姓，管氏，名夷吾，字仲，颍上（今安徽颍上县）人。中国古代著名的经济学家、哲学家、政治家、军事家；齐国国相，被誉为"春秋第一相"

19. 中国／民国时期浙江兴业银行兑换券／王阳明

面　　额：伍圆　发行年份：1923 年　规格：158mm×90mm

王阳明（1472—1529），字伯安，号阳明，本名王守仁，浙江余姚人。明代著名思想家、哲学家、书法家、军事家、教育家

20. 中国／民国时期河南省银行券／岳飞

面　　额：拾圆　发行年份：1922 年　规格：122mm×75mm

岳飞（1103—1142），字鹏举，相州汤阴（今河南汤阴）人。南宋抗金名将、军事家、战略家、书法家、诗人，位列南宋"中兴四将"之首

21. 中国／民国时期中央银行券／孙中山

面　　额：拾圆　发行年份：1937 年　规格：165mm×82mm

孙中山（1866—1925），名文，字载之，号日新，又号逸仙，广东香山县（今中山市）人。中国近代伟大的政治家、革命家、思想家；中华民国临时大总统

22. 中国／民国时期中国联合准备银行券／孔子

面　　额：壹圆　发行年份：1938 年　规格：181mm×93mm

孔子（前 551—前 479），子姓，孔氏，名丘，字仲尼，鲁国陬邑（今山东曲阜）人。春秋末期伟大的思想家和教育家，儒家学派创始人

23. 中国／民国时期伪满洲中央银行券／孟子

面　　额：五圆　发行年份：1938 年　规格：137mm×74mm

孟子（约前 372—前 289），姬姓，孟氏，名轲，邹国（今山东邹城）人。战国时期哲学家、思想家、政治家、教育家，儒家学派的代表人物之一，与孔子并称"孔孟"

24. 中国／民国时期中国银行券／廖仲恺

面　　额：壹圆　发行年份：1939 年　规格：148mm×74mm

廖仲恺（1877—1925），原名恩煦，又名夷白，字仲恺，广东省归善县人。中国近代民主革命家、国民党左派政治家、社会活动家

25. 中国／民国时期中央银行券／林森

面　　额：贰拾圆　发行年份：1945 年　规格：146mm×62mm

林森（1868—1943），原名林天波，字长仁，号子超，晚年自号青芝老人，福建闽县（今福建闽侯）人；中国近代政治家、中国同盟会、国民政府委员、民国政府主席

26—27. 中国／民国时期东北银行地方流通券／毛泽东

面　　额：伍百圆　发行年份：1947 年　规格：150mm×60mm

毛泽东（1893—1976），字润之，湖南湘潭人。中国人民的领袖，伟大的马克思主义者，无产阶级革命家、战略家和理论家，中国共产党、中国人民解放军和中华人民共和国的主要缔造者和领导人，诗人、书法家

30. 爱尔兰／爱尔兰镑／斯威夫特

面　　额: 10 爱尔兰镑　发行年份: 1979 年　规格: 164mm×86mm

乔纳森·斯威夫特 Jonathan Swift（1667—1745），爱尔兰作家、政论家、讽刺文学大师

31. 爱尔兰／爱尔兰镑／叶芝

面　　额: 20 爱尔兰镑　发行年份: 1980 年　规格: 173mm×90mm

威廉·巴特勒·叶芝 William Butler Yeats（1865—1939），爱尔兰诗人、剧作家、散文家，代表作为诗歌《当你老了》等，1923 年诺贝尔文学奖获得者

32. 奥地利／先令／海顿

面　　额: 20 先令　发行年份: 1950 年　规格: 148mm×70mm

弗朗茨·约瑟夫·海顿 Franz Joseph Haydn（1732—1809），奥地利作曲家、钢琴家和小提琴家、指挥家，维也纳古典乐派的奠基人，被誉为"交响乐之父"

33. 奥地利／先令／施特劳斯

面　　额: 100 先令　发行年份: 1960 年　规格: 152mm×75mm

约翰·施特劳斯 Johann Strauss（1825—1899），奥地利作曲家、指挥家、小提琴家、钢琴家，被人们称为"圆舞曲之王"

34. 奥地利／先令／苏特纳

面　　额: 1000 先令　发行年份: 1966 年　规格: 159mm×84mm

贝尔塔·冯·苏特纳 Bertha Von Suttner（1843—1914），奥地利女作家，激进的和平主义者，反对战争、维护世界和平的伟大战士，世界上第一位获得诺贝尔和平奖的女性

35. 奥地利／先令／薛定谔

面　　额: 1000 先令　发行年份: 1982 年　规格: 152mm×76mm

埃尔温·薛定谔 Erwin Schrödinger（1887—1961），奥地利物理学家，量子力学奠基人之一，发展了分子生物学，1933 年诺贝尔物理学奖获得者

36. 奥地利／先令／弗洛伊德

面　　额: 50 先令　发行年份: 1986 年　规格: 130mm×65mm

西格蒙德·弗洛伊德 Sigmund Freud（1856—1939），奥地利精神病医生、心理学家，精神分析学派创始人，代表著作《梦的解析》《爱情心理学》

37. 奥地利／先令／莫扎特

面　　额: 5000 先令　发行年份: 1988 年　规格: 160mm×78mm

沃尔夫冈·阿玛多伊斯·莫扎特 Wolfgang Amadeus Mozart（1756—1791），奥地利作曲家、音乐天才，欧洲最伟大的古典主义音乐作曲家之一

38. 奥地利／先令／兰德斯坦纳

面　　额: 1000 先令　发行年份: 1997 年　规格: 154mm×72mm

卡尔·兰德斯坦纳 Karl Landsteiner（1868—1943），奥地利病理学家、免疫学家，人类 A、B、O 血型的发现者，1930 年诺贝尔生理学或医学奖获得者

39. 比利时／法郎／维萨里

面　　额: 5000 法郎　发行年份: 1977 年　规格: 168mm×83mm

安德烈·维萨里 Andreas Vesalius（1514—1564），比利时医生、解剖学家，近代人体解剖学的创始人，世称"医神"，与哥白尼齐名的科学革命两大代表人物之一

40. 比利时／法郎／萨克斯

面　　额: 200 法郎　发行年份: 1995 年　规格: 144mm×76mm

阿道夫·萨克斯 Adolphe Sax（1814—1894），比利时乐器制造家，乐器萨克斯的发明者

41. 波兰／兹罗提／哥白尼

面　　额: 1000 兹罗提　发行年份: 1975 年　规格: 138mm×63mm

尼古拉·哥白尼 Nicolaus Copernicus（1473—1543），文艺复兴时期波兰伟大的天文学家、数学家、教会法博士，日心说的创立者，近代天文学的奠基人

42. 波兰／兹罗提／肖邦

面　　额：5000 兹罗提　发行年份：1982 年　规格：138mm×63mm

弗里德里克·弗朗索瓦·肖邦 F.F.Chopin（1810—1849），波兰作曲家、钢琴家，被誉为"浪漫主义钢琴诗人"

43. 波兰／兹罗提／居里夫人、诺贝尔

面　　额：20 兹罗提　发行年份：2011 年　规格：138mm×69mm

居里夫人 Marie Curie（1867—1934），波兰裔法国物理学家、化学家。阿尔弗雷德·贝恩哈德·诺贝尔 Alfred Bernhard Nobel（1833—1896），瑞典化学家、工程师、发明家、军工装备制造商和炸药的发明者，诺贝尔奖基金设立者

44. 丹麦／克朗／布利克森

面　　额：50 克朗　发行年份：1997 年　规格：125mm×72mm

卡伦·布利克森 Karen Blixen（1885—1962），丹麦女作家，20 世纪北欧最优秀的作家之一，自传体小说《走出非洲》作者

45. 丹麦／克朗／玻尔

面　　额：500 克朗　发行年份：1997 年　规格：155mm×72mm

尼尔斯·亨利克·戴维·玻尔 Niels Henrik David Bohr（1885—1962），丹麦物理学家，丹麦皇家科学院院士，1922 年诺贝尔物理学奖获得者

46. 德国／马克／西门子

面　　额：20 马克　发行年份：1929 年　规格：160mm×80mm

维尔纳·冯·西门子 Werner Von Siemens（1816—1892），德国发明家、企业家、物理学家，西门子公司的创办者

47. 德国／马克／李比希

面　　额：100 马克　发行年份：1935 年　规格：180mm×90mm

尤斯图斯·冯·李比希 Justus Von Liebig（1803—1873），有机化学的创立者，被誉为历史上最伟大的化学教育家之一。他发现了氮的重要作用，被称为"肥料工业之父"

48. 德国／马克／高斯

面　　额：10 马克　发行年份：1989 年　规格：130mm×65mm

约翰·卡尔·弗里德里希·高斯 Johann Carl Friedrich Gauss（1777—1855），德国数学家、物理学家和天文学家，享有"数学王子"的美誉

49. 德国／马克／许尔斯霍夫

面　　额：20 马克　发行年份：1991 年　规格：138mm×68mm

安妮特·冯·德罗斯特－许尔斯霍夫 Annette Von Droste-Hülshoff（1797—1848），诗人、小说家，被誉为"德国最伟大的女诗人"，她的纪念碑上镌刻着："德国女诗人之王"

50. 德国／马克／克拉拉·舒曼

面　　额：100 马克　发行年份：1989 年　规格：154mm×74mm

克拉拉·舒曼 Clara Schumann（1819—1896），德国著名钢琴家、音乐家；作曲家罗伯特·舒曼之妻

51. 德国／马克／埃尔利希

面　　额：200 马克　发行年份：1989 年　规格：163mm×76mm

保罗·埃尔利希 Paul Ehrlich（1854—1915），德国医学、血液学和免疫学家，近代化学疗法的奠基者之一，1908 年诺贝尔生理学或医学奖获得者

52. 德国／马克／梅里安

面　　额：500 马克　发行年份：1991 年　规格：170mm×80mm

玛利亚·西比拉·梅里安 Maria Sibylla Merian（1647—1717），德国自然主义学者，昆虫专家和画家

53. 德国／马克／格林兄弟

面　　额：1000 马克　发行年份：1991 年　规格：178mm×83mm

雅各布·格林 Jacob Grimm（1785—1863）和威廉·格林 Wilhelm Grimm（1786—1859）兄弟，德国著名历史学家、语言学家，民间故事和古老传说的搜集者，《格林童话》的整理作者

54. 民主德国 / 马克 / 恩格斯

面　　额：50 马克　发行年份：1971 年　规格：136mm×59mm

弗里德里希·恩格斯 Friedrich Engels（1820—1895），德国伟大的思想家、哲学家、革命家和教育家，马克思主义创始人之一

55. 民主德国 / 马克 / 马克思

面　　额：100 马克　发行年份：1975 年　规格：145mm×63mm

卡尔·马克思 Karl Marx（1818—1883）德国伟大的思想家、哲学家、经济学家和社会学家，马克思主义创始人之一

56—57. 俄罗斯帝国 / 卢布 / 叶卡捷琳娜二世

面　　额：100 卢布　发行年份：1910 年　规格：262mm×125mm

叶卡捷琳娜二世 Catherine Ⅱ（1729—1796），俄罗斯帝国史上的著名女皇，后世尊称"叶卡捷琳娜大帝"

58—59. 俄罗斯帝国 / 卢布 / 彼得大帝

面　　额：500 卢布　发行年份：1912 年　规格：275mm×127mm

彼得大帝 Peter the Great（1672—1725），史称彼得一世，后世尊称"彼得大帝""俄罗斯帝国之父"

60. 俄罗斯联邦 / 卢布 / 列宁

面　　额：1000 卢布　发行年份：1992 年　规格：154mm×74mm

列宁，原名弗拉基米尔·伊里奇·列宁 Vladimir Ilyich Lenin（1870—1924），马克思主义者，无产阶级革命家、政治家、理论家、思想家，苏维埃社会主义共和国联盟的缔造者

61. 法国 / 法郎 / 笛卡儿

面　　额：100 法郎　发行年份：1944 年　规格：160mm×92mm

勒奈·笛卡儿 René Descartes（1596—1650），法国著名数学家、物理学家、"解析几何之父"，西方现代哲学思想奠基人

62. 法国 / 法郎 / 黎塞留

面　　额：1000 法郎　发行年份：1955 年　规格：151mm×80mm

阿尔芒-让·迪·普莱西·德·黎塞留 Armand-Jean du Plessis de Richelieu（1585—1642），法兰西王国 17 世纪初杰出的政治家、外交家，法国波旁王朝第一任黎塞留公爵

63. 法国 / 法郎 / 拿破仑

面　　额：100 法郎　发行年份：1962 年　规格：172mm×92mm

拿破仑 Napoléon（1769—1821），法国 19 世纪伟大的军事家、政治家，法兰西第一帝国的缔造者，世称"法国人的皇帝"

64. 法国 / 法郎 / 莫里哀

面　　额：500 法郎　发行年份：1964 年　规格：182mm×97mm

莫里哀 Molière（1622—1673），本名让·巴蒂斯特·波克兰，法国著名喜剧作家、演员、戏剧活动家，现代法国喜剧创始人

65. 法国 / 法郎 / 雨果

面　　额：5 法郎　发行年份：1965 年　规格：140mm×75mm

维克多·雨果 Victor Hugo（1802—1885），法国 19 世纪最伟大的作家，罗曼·罗兰说：在文学界和艺术界的所有伟人中，雨果是唯一活在法兰西人民心中的伟人

66. 法国 / 法郎 / 巴斯德

面　　额：5 法郎　发行年份：1969 年　规格：140mm×75mm

路易斯·巴斯德 Louis Pasteur（1822—1895），法国微生物学家、化学家，细菌学之祖，狂犬疫苗的发现者，被誉为"进入科学王国最完美无缺的人"

67. 法国 / 法郎 / 伏尔泰

面　　额：10 法郎　发行年份：1973 年　规格：150mm×80mm

伏尔泰 Voltaire（1694—1778），法国启蒙思想家、文学家，法国 18 世纪启蒙运动旗手，被誉为"法兰西思想之王"与"欧洲的良心"

68. 法国／法郎／德拉克洛瓦

面　　额：100 法郎　发行年份：1981 年　规格：160mm×85mm

德拉克洛瓦 F.V.E. Delacroix（1798—1863），法国画家，油画《自由引导人民》是其代表作，欧洲浪漫主义画派的典型代表

69. 法国／法郎／孟德斯鸠

面　　额：200 法郎　发行年份：1992 年　规格：172mm×92mm

孟德斯鸠 Montesquieu（1689—1755），欧洲 18 世纪著名启蒙思想家、律师，著有《论法的精神》，西方国家学说和法学理论的奠基人

70. 法国／法郎／居里夫妇

面　　额：500 法郎　发行年份：1994 年　规格：153mm×80mm

玛丽·居里 Marie Curie（1867—1934），法国物理学家、化学家，两度诺贝尔奖获得者，被称为"镭的母亲"；皮埃尔·居里 Pierre Curie（1859—1906），法国著名物理学家

71. 法国／法郎／埃菲尔

面　　额：200 法郎　发行年份：1996 年　规格：144mm×80mm

古斯塔夫·埃菲尔 Gustave Eiffel（1832—1923），法国建筑大师，巴黎埃菲尔铁塔、纽约自由女神像、布达佩斯火车站的设计者，创造人类建筑史上奇迹的伟大工程师

72. 法国／法郎／圣埃克絮佩里

面　　额：50 法郎　发行年份：1997 年　规格：124mm×80mm

安东尼·德·圣埃克絮佩里 Antoine de Saint-Exupéry（1900—1944），风靡世界的法国作家，代表作《小王子》，也是法国最早一代飞行员之一

73. 芬兰／芬兰马克／西贝柳斯

面　　额：100 芬兰马克　发行年份：1986 年　规格：142mm×69mm

让·西贝柳斯 J.Sibelius（1865—1957），芬兰音乐家，民族主义音乐和浪漫主义音乐晚期重要代表

74. 荷兰／荷兰盾／埃玛

面　　额：20 荷兰盾　发行年份：1941 年　规格：154mm×81.5mm

埃玛 Emma（1858—1934），荷兰国王威廉三世的妻子，威廉明娜女王的母亲，欧洲著名女摄政王

75. 荷兰／荷兰盾／格劳秀斯

面　　额：10 荷兰盾　发行年份：1953 年　规格：146mm×81mm

胡果·格劳秀斯 Hugo Grotius（1583—1645），荷兰思想家、17 世纪著名国际法学家

76. 荷兰／荷兰盾／惠更斯

面　　额：25 荷兰盾　发行年份：1955 年　规格：155mm×85mm

克里斯蒂安·惠更斯 Christiaan Huygens（1629—1695），荷兰著名物理学家、天文学家、数学家

77. 荷兰／荷兰盾／伦勃朗

面　　额：1000 荷兰盾　发行年份：1956 年　规格：169mm×97mm

伦勃朗 Rembrandt（1606—1669），欧洲 17 世纪最伟大的画家之一，也是荷兰历史上最伟大的画家

78. 荷兰／荷兰盾／斯宾诺莎

面　　额：1000 荷兰盾　发行年份：1972 年　规格：160mm×76mm

巴鲁赫·斯宾诺莎 Baruch Spinoza（1632—1677），犹太裔荷兰哲学家，与笛卡儿、莱布尼茨齐名的西方近代哲学史上重要的欧陆理性主义者

79. 挪威／克朗／易卜生

面　　额：1000 克朗　发行年份：1986 年　规格：169mm×90mm

亨利克·易卜生 Henrik Ibsen（1828—1906），挪威戏剧家、诗人，欧洲近代现实主义戏剧的杰出代表，被称为"现代戏剧之父"

80. 葡萄牙／埃斯库多／唐·恩里克
面　　额：10000 埃斯库多　发行年份：1997 年　规格：153mm×75mm
唐·恩里克 Dom Henrique（1394—1460），葡萄牙王子、航海家、航海
探险的赞助者，为葡萄牙成为海上霸主奠定基石的人

81. 葡萄牙／埃斯库多／迪亚士
面　　额：2000 埃斯库多　发行年份：1997 年　规格：140mm×68mm
巴尔托洛梅乌·迪亚士 Bartholmeu Dias（约 1450—1500），葡萄牙航海
家、探险家，欧洲最早到达非洲南端、发现好望角的航海家

82. 葡萄牙／埃斯库多／卡布拉尔
面　　额：1000 埃斯库多　发行年份：2000 年　规格：132mm×68mm
佩德罗·阿尔瓦雷斯·卡布拉尔 Pedro Álvares Cabral（约 1468—1520），
葡萄牙航海家、探险家，发现巴西的航海先驱

83. 葡萄牙／埃斯库多／达·伽马
面　　额：5000 埃斯库多　发行年份：1998 年　规格：147mm×75mm
瓦斯科·达·伽马 Vasco da Gama（约 1469—1524），葡萄牙航海家、探
险家，16 世纪初开辟了西欧直达印度的海路，早期殖民主义者

84. 瑞典／克朗／拉格洛夫
面　　额：20 克朗　发行年份：1997 年　规格：121mm×67mm
塞尔玛·拉格洛夫 S.Lagerlöf（1858—1940），瑞典女作家，代表作品
《尼尔斯骑鹅旅行记》，1909 年诺贝尔文学奖获得者

85. 瑞士／瑞郎／圣马丁
面　　额：100 瑞郎　发行年份：1957 年　规格：193mm×105mm
圣马丁 St. Martin（316—397），罗马皇家骑兵团军官，基督教徒；《圣
马丁割袍》表现了圣马丁的传奇

86. 瑞士／瑞郎／欧拉
面　　额：10 瑞郎　发行年份：1979 年　规格：137mm×66mm
莱昂哈德·欧拉 Leonhard Euler（1707—1783），瑞士 18 世纪数学家、物
理学家、天文学家，一生成就极多的科学家

87. 瑞士／瑞郎／格斯纳
面　　额：50 瑞郎　发行年份：1983 年　规格：159mm×74mm
康拉德·格斯纳 Conrad Gesner（1516—1565），瑞士博物学家、文学家
和医学家，西方近代书目的创始人之一

88. 瑞士／瑞郎／哈勒尔
面　　额：500 瑞郎　发行年份：1977 年　规格：182mm×82mm
阿尔布雷希特·冯·哈勒尔 Albrecht Von Haller（1708—1777），瑞士杰
出解剖学家、医生、植物学家和诗人，被誉为“近代生理学之父”

89. 瑞士／瑞郎／福勒尔
面　　额：1000 瑞郎　发行年份：1976 年　规格：192mm×86mm
奥古斯特－亨利·福勒尔 Auguste-Henri Forel（1848—1931），瑞士神
经解剖学家、医学家、精神病学家和昆虫学家

90—91. 塞尔维亚／第纳尔／特斯拉
面　　额：100 第纳尔　发行年份：2003 年　规格：143mm×68mm
尼古拉·特斯拉 Nikola Tesla（1856—1943），塞尔维亚裔美国电力科学
家、发明家，现代电气和通信系统的奠基者

92. 西班牙／比塞塔／塞万提斯
面　　额：100 比塞塔　发行年份：1928 年　规格：141mm×99mm
米格尔·德·塞万提斯 Miguel de Cervantes（1547—1616），西班牙伟大
的小说家、戏剧家和诗人，代表作品《堂吉诃德》

93. 西班牙／比塞塔／斐迪南与伊莎贝拉

面　　额：1000 比塞塔　发行年份：1957 年　规格：157mm×102mm

斐迪南国王 Fernando（1452—1516）与伊莎贝拉女王 Isabel（1451—1504），西班牙历史上杰出的国王夫妇

94. 西班牙／比塞塔／埃切加赖

面　　额：1000 比塞塔　发行年份：1971 年　规格：153mm×94mm

何塞·埃切加赖 José Echegaray（1832—1916），西班牙戏剧家、诗人、数学家，1904 年诺贝尔文学奖获得者

95. 西班牙／比塞塔／哥伦布

面　　额：5000 比塞塔　发行年份：1992 年　规格：147mm×71mm

克里斯托弗·哥伦布 Cristoforo Colombo（约1451—1506），意大利探险家、殖民者、航海家、地理大发现的先驱者，是欧洲探险和殖民海外领地大时代的代表人物之一

96. 希腊／德拉克马／荷马

面　　额：1 德拉克马　发行年份：1917 年　规格：65mm×40mm

荷马 Homer（约前 9 世纪—前 8 世纪），古希腊诗人，西方史诗经典《荷马史诗》的编写者

97. 希腊／德拉克马／苏格拉底

面　　额：500 德拉克马　发行年份：1955 年　规格：158mm×81mm

苏格拉底 Socrates（前 469—前 399），古希腊思想家、哲学家、教育家、公民陪审员，西方哲学的奠基人之一

98. 希腊／德拉克马／亚里士多德

面　　额：10000 德拉克马　发行年份：1947 年　规格：150mm×79mm

亚里士多德 Aristotle Socrates（前 384—前 322），古希腊先贤，世界古代史上伟大的哲学家、科学家、教育家之一，哲学的集大成者

99. 希腊／德拉克马／亚历山大

面　　额：1000 德拉克马　发行年份：1956 年　规格：158mm×81mm

亚历山大大帝 Alexander the Great（前 356—前 323），古代马其顿国王、亚历山大帝国皇帝，世界古代史上著名的军事家和政治家，军事统帅

100. 意大利／里拉／恺撒

面　　额：2 里拉　发行年份：1939 年　规格：80mm×51mm

盖乌斯·尤利乌斯·恺撒 Gaius Julius Caesar（前 100—前 44），史称"恺撒大帝"，杰出的军事统帅、政治家，罗马帝国的奠基者

101. 意大利／里拉／屋大维

面　　额：1 里拉　发行年份：1939 年　规格：80mm×51mm

盖乌斯·屋大维·奥古斯都 Gaius Octavius Augustus（前 63—14），罗马帝国的第一位元首（Princeps），元首政制的创始人，是世界历史上最为重要的人物之一

102—103. 意大利／里拉／但丁

面　　额：10000 里拉　发行年份：1948 年　规格：245mm×126mm

但丁·阿利基耶里 Dante Alighieri（1265—1321），意大利中世纪诗人，现代意大利语的奠基者、欧洲文艺复兴时代的开拓者，被称为意大利"至高诗人"和"意大利语之父"

104. 意大利／里拉／米开朗琪罗

面　　额：10000 里拉　发行年份：1966 年　规格：158mm×78.5mm

米开朗琪罗·博那罗蒂 Michelangelo Buonarroti（1475—1564），意大利杰出的雕刻家、绘画家、建筑师和诗人，文艺复兴时期雕塑艺术最高峰的代表，"文艺复兴三杰"之一

105. 意大利／里拉／威尔第

面　　额：1000 里拉　发行年份：1969 年　规格：126mm×61mm

朱塞佩·威尔第 Giuseppe Verdi（1813—1901），意大利歌剧作曲家，"意大利革命的音乐大师"，被誉为"歌剧之王"

106. 意大利／里拉／伽利略
面　　额：2000 里拉　发行年份：1973 年　规格：133mm×65mm

伽利略·伽利雷 Galileo Galilei（1564—1642），意大利数学家、物理学家和天文学家，现代力学和实验物理学创始人，被称为"现代科学之父"

107. 意大利／里拉／达·芬奇
面　　额：50000 里拉　发行年份：1974 年　规格：166mm×82.5mm

列奥纳多·达·芬奇 Leonardo da Vinci（1452—1519），意大利文艺复兴时期的博学者，天才的科学家、发明家、画家，被现代学者称为"文艺复兴时期最完美的代表"

108. 意大利／里拉／提香
面　　额：20000 里拉　发行年份：1975 年　规格：160mm×78mm

提香·韦切利奥 Tiziano Vecellio（约 1489—1576），意大利最有才能的画家之一，代表作《沉睡的维纳斯》，被称为"群星中的太阳""西方油画之父"

109. 意大利／里拉／伏打
面　　额：10000 里拉　发行年份：1984 年　规格：133mm×70mm

亚历山德罗·伏打 Alessandro Volta（1745—1827），意大利物理学家、经典电学大师，伏打电堆的发明者，电压单位"伏特"即以他的姓氏命名

110. 意大利／里拉／马可尼
面　　额：2000 里拉　发行年份：1990 年　规格：119mm×61mm

伽里默·马可尼 Guglielmo Marconi（1874—1937），意大利物理学家，无线电技术的发明者，人类第一份无线电报通信的实践人，1909 年诺贝尔物理学奖获得者

111. 意大利／里拉／拉斐尔
面　　额：500000 里拉　发行年份：1997 年　规格：163mm×78mm

拉斐尔·桑西 Raffaèllo Sanzio（1483—1520），意大利画家，"文艺复兴三杰"之一，代表作《西斯廷圣母》《雅典学院》，被称为"画圣"

112—113. 英国／英镑／伊丽莎白二世
面　　额：1 英镑　发行年份：1960 年　规格：152mm×73mm

女王伊丽莎白二世 Her Majesty Queen Elizabeth II（1926—2022），英国女王、英联邦元首、国会最高首领

114. 英国／英镑／莎士比亚
面　　额：20 英镑　发行年份：1966 年　规格：152mm×85mm

威廉·莎士比亚 William Shakespeare（1564—1616），英国史上最杰出的戏剧家、诗人，全世界最卓越的文学家之一，世人尊称"莎翁"

115. 英国／英镑／南丁格尔
面　　额：10 英镑　发行年份：1975 年　规格：151mm×85mm

弗洛伦丝·南丁格尔 Florence Nightingale（1820—1910），护士、统计学家，英国护理事业的创始人和现代护理教育的奠基人

116. 英国／英镑／牛顿
面　　额：1 英镑　发行年份：1978 年　规格：135mm×67mm

艾萨克·牛顿 Isaac Newton（1643—1727），英国物理学家、数学家、科学家和哲学家，英国皇家协会会长

117. 英国／英镑／斯蒂芬森
面　　额：5 英镑　发行年份：1990 年　规格：136mm×70mm

乔治·斯蒂芬森 George Stephenson（1781—1848），英国史上著名工程师、发明家，第一次工业革命期间火车机车的发明者，被尊称"铁路机车之父"

118. 英国／英镑／法拉第
面　　额：20 英镑　发行年份：1991 年　规格：150mm×80mm

迈克尔·法拉第 Michael Faraday（1791—1867），英国物理学家、化学家，是人类第一台发电机的创造者，被称为"电学之父"

119. 英国／英镑／狄更斯

面　　额：10 英镑　发行年份：1992 年　规格：142mm×75mm

查尔斯·狄更斯 Charles Dickens（1812—1870），英国作家，代表作《雾都孤儿》，被誉为"19 世纪无人能比的小说家"

120. 英国／英镑／达尔文

面　　额：10 英镑　发行年份：2000 年　规格：142mm×75mm

查尔斯·达尔文 Charles Darwin（1809—1882），英国生物学家，进化论奠基人。他提出的"进化论"，被列为 19 世纪自然科学的三大发现之一

121. 英国／英镑／亚当·斯密

面　　额：20 英镑　发行年份：2007 年　规格：149mm×80mm

亚当·斯密 Adam Smith（1723—1790），18 世纪著名经济学家、哲学家、作家，他所著《国富论》奠定了现代资本主义的理论基础，被称为英国"近代经济学之父"

122. 英国／英镑／博尔顿与瓦特

面　　额：50 英镑　发行年份：2011 年　规格：156mm×85mm

马修·博尔顿 Matthew Boulton（1728—1809）与詹姆斯·瓦特 James Watt（1736—1819），英国制造商和工程师，工业革命的代表人物，蒸汽机的发明者

123.（英）苏格兰／苏格兰镑／贝尔

面　　额：1 苏格兰镑　发行年份：1997 年　规格：128mm×65mm

亚历山大·格雷厄姆·贝尔 Alexander Graham Bell（1847—1922），苏格兰裔美国发明家、企业家、电话的发明者；正面为苏格兰首任总督艾莱勋爵（Lord Ilay）

124.（英）苏格兰／苏格兰镑／弗莱明

面　　额：5 苏格兰镑　发行年份：2009 年　规格：135mm×70mm

亚历山大·弗莱明 Alexander Fleming（1881—1955），苏格兰细菌学家、生物化学家、青霉素发现者，1945 年诺贝尔生理学或医学奖获得者

125.（英）直布罗陀／直布罗陀镑／丘吉尔

面　　额：50 直布罗陀镑　发行年份：2006 年　规格：157mm×84mm

温斯顿·丘吉尔 Winston Churchill（1874—1965），英国政治家、历史学家，两任英国首相，著有《第二次世界大战回忆录》等，1953 年诺贝尔文学奖获得者

126.（英）北爱尔兰／爱尔兰镑／詹姆斯·马丁

面　　额：100 爱尔兰镑　发行年份：2005 年　规格：163mm×90mm

詹姆斯·马丁 James Martin（1893—1981），北爱尔兰飞机设计师、发明家，马丁·贝克 Martin Baker 飞行员火箭弹射座椅的设计者

127.（英）北爱尔兰／爱尔兰镑／邓禄普

面　　额：10 爱尔兰镑　发行年份：2010 年　规格：142mm×75mm

约翰·博伊德·邓禄普 John Boyd Dunlop（1840—1921），英国发明家、企业家，橡胶充气轮胎的发明者

非洲

130. 佛得角／埃斯库多／塞萨莉亚·艾沃拉

面　　额：2000 埃斯库多　发行年份：2014 年　规格：142mm×71mm

塞萨莉亚·艾沃拉 Cesaria Evora（1941—2011），佛得角国宝级歌手，被誉为"西非歌后"

131. 南非／兰特／曼德拉

面　　额：50 兰特　发行年份：2012 年　规格：140mm×70mm

纳尔逊·曼德拉 Nelson Mandela（1918—2013），南非首位黑人总统，1993 年诺贝尔和平奖获得者，被尊称为"南非国父"

132. 突尼斯／第纳尔／汉尼拔

面　　额：5 第纳尔　发行年份：1993 年　规格：143mm×73mm

汉尼拔·巴卡 Hannibal Barca（前 247—前 182），北非古国迦太基名将、政治家，迦太基统帅及行政官

133. 赞比亚／克瓦查／卡翁达

面　　额: 500 克瓦查　发行年份: 1991 年　规格: 140mm×70mm

肯尼思·戴维·卡翁达 Kenneth David Kaunda（1924—2021），政治家、外交家、总统，被尊称为"赞比亚国父"

北美洲

136. 古巴／比索／切·格瓦拉

面　　额: 3 比索　发行年份: 1995 年　规格: 150mm×70mm

切·格瓦拉 Che Guevara（1928—1967），古巴革命的核心人物、军事家，古巴共和国主要缔造者和领导者之一

137. 墨西哥／比索／胡安娜·克鲁兹

面　　额: 1000 比索　发行年份: 1984 年　规格: 156mm×66mm

胡安娜·伊内斯·德·拉·克鲁兹 Sor Juana Inés de la Cruz（1651—1695），墨西哥 17 世纪著名女诗人

138. 加拿大／加元／乔治六世

面　　额: 10 加元　发行年份: 1937 年　规格: 154mm×72mm

乔治六世 George VI（1895—1952），原名阿尔伯特·弗雷德里克·亚瑟·乔治，英国及大英帝国各自治领国王，末任印度皇帝，首任英联邦元首，著名的"结巴国王"

139. 加拿大／加元／麦克唐纳

面　　额: 10 加元　发行年份: 1971 年　规格: 152mm×70mm

约翰·亚历山大·麦克唐纳 John Alexander Macdonald（1815—1891），爵士，加拿大第一任总理，被誉为"加拿大国父"

140. 美国／美元／富兰克林

面　　额: 100 美元　发行年份: 1929 年　规格: 156mm×66.3mm

本杰明·富兰克林 Benjamin Franklin（1706—1790），美国政治家、科学家和发明家，参与起草《独立宣言》，美国智慧与财富的化身

141. 美国／美元／华盛顿

面　　额: 1 美元　发行年份: 1957 年　规格: 156mm×66.3mm

乔治·华盛顿 George Washington（1732—1799），美国政治家、军事家、开国元勋，美国第一、二任总统，任后毅然放弃权力的人

142. 美国／美元／杰斐逊

面　　额: 2 美元　发行年份: 1963 年　规格: 156mm×66.3mm

托马斯·杰斐逊 Thomas Jefferson（1743—1826），美国政治家、思想家，美国第三任总统，《独立宣言》主要起草人，被誉为"自由的使者"

143. 美国／美元／林肯

面　　额: 5 美元　发行年份: 1953 年　规格: 156mm×66.3mm

亚伯拉罕·林肯 Abraham Lincoln（1809—1865），美国政治家、思想家，美国第十六任总统，黑人奴隶制的废除者，被誉为"伟大的解放者"

南美洲

146. 阿根廷／比索／庇隆夫人

面　　额: 100 比索　发行年份: 2012 年　规格: 156mm×65mm

艾薇塔·庇隆夫人 María Eva Duarte de Perón（1919—1952），阿根廷总统胡安·庇隆的第二任妻子，被誉为阿根廷"永不凋谢的玫瑰"

147. 哥伦比亚／比索／马尔克斯

面　　额: 50000 比索　发行年份: 2016 年　规格: 148mm×66mm

加夫列尔·加西亚·马尔克斯 Gabriel García Márquez（1927—2014），哥伦比亚作家、记者和社会活动家，拉丁美洲魔幻现实主义文学代表人物，1982 年诺贝尔文学奖获得者

148. 委内瑞拉／玻利瓦尔／玻利瓦尔

面　　额: 1000 玻利瓦尔　发行年份: 1998 年　规格: 157mm×69mm

西蒙·玻利瓦尔 Simón Bolívar（1783—1830），委内瑞拉著名政治家、思想家、革命家和军事家，南美独立战争领袖，被称为"解放者""南美洲的华盛顿"

149. 智利／比索／米斯特拉尔
面　　额：5000 比索　发行年份：2005 年　规格：155mm×69mm
加夫列拉·米斯特拉尔 Gabriela Mistral（1889—1957），智利著名女诗人，1945 年诺贝尔文学奖获得者

大洋洲

152. 澳大利亚／澳元／弗洛里、罗斯
面　　额：50 澳元　发行年份：1994 年　规格：165mm×82mm
霍华德·沃尔特·弗洛里 Howard Walter Florey（1898—1968），澳大利亚裔英国著名病理学家、教授，1945 年诺贝尔生理学或医学奖获得者

153. 新西兰／新西兰镑／库克
面　　额：1 新西兰镑　发行年份：1945 年　规格：154mm×84mm
詹姆斯·库克 James Cook（1728—1779），人称"库克船长"，英国 18 世纪航海家、探险家，历史上首批登陆澳大利亚东岸和夏威夷群岛的欧洲人之一，被称为澳大利亚的"建国之父"

154. 新西兰／新西兰元／卢瑟福
面　　额：100 新西兰元　发行年份：1992 年　规格：155mm×74mm
欧内斯特·卢瑟福 Ernest Rutherford（1871—1937），英国物理学家，被誉为"原子核物理学之父"，1908 年诺贝尔化学奖获得者

155. 新西兰／新西兰元／希拉里
面　　额：5 新西兰元　发行年份：1992 年　规格：135mm×66mm
埃德蒙·希拉里 Edmund Hillary（1919—2008），世界最著名的登山家、探险家，第一位登上珠峰山顶及首次通过陆路经过南极横穿南极洲的人

附录：

"全球十大最美"和 IBNS 年度"世界最佳"纸币精选

158. 法属波利尼西亚／太平洋结算法郎／侯爵夫人
面　　额：10000 太平洋结算法郎
发行年份：1992 年　规格：172mm×91mm
波利尼西亚侯爵夫人、太平洋岛国最美的女人

159. 圣多美和普林西比／多布拉／阿马多尔
面　　额：50000 多布拉　发行年份：2004 年　规格：150mm×67mm
雷·阿马多尔 Rei Amador（16—17 世纪），圣多美和普林西比 17 世纪反对葡萄牙殖民统治的民族英雄

160. 冰岛／克朗／荣斯蒂尔
面　　额：5000 克朗　发行年份：2001 年　规格：155mm×70mm
拉格希尔·荣斯蒂尔 Ragnheiur Jónsdóttir（1646—1715），冰岛名媛、著名的女裁缝

161. 加拿大／加元／伊丽莎白二世
面　　额：20 加元　发行年份：2004 年　规格：152mm×70mm
女王伊丽莎白二世 Her Majesty Queen Elizabeth II（1926—2022）

162. （英）苏格兰／苏格兰镑／瓦尔特·司各特
面　　额：50 苏格兰镑　发行年份：2007 年　规格：156mm×85mm
瓦尔特·司各特 Walter Scott（1771—1832），生于英格兰的诗人、历史小说家

THE CENTRAL BANK

TEN YU 10

Lichia

GENERAL MANAGER

NATIONAL CURRE

1937

A539786

他出生于王宫，16 岁时被父亲送往英国学习。
20 岁从英国皇家军事学院毕业，4 年后返回阿曼。
国外的经历使他具有了较强的现代意识，
他力图改变国家贫穷的面貌，
但遭到自私愚昧的国王父亲的压制，
被软禁在皇宫里 6 年多。
1970 年 7 月，时年 29 岁的卡布斯登基执政，
改国号为阿曼苏丹国，成为第 14 位阿曼苏丹。
他在国内积极推行现代化进程，
发展高等教育，建立政府医疗等社会福利体系，
实行了一系列的政治、经济等改革，
终使阿曼跻身于比较现代化的国家之列，
实现了他执政之初对人民的诺言：
"我的第一个任务是尽快建立一个现代化的政府。
我的目的是把你们从过去的桎梏中解放出来。
我要尽快使你们生活得愉快和有一个美好的未来。"

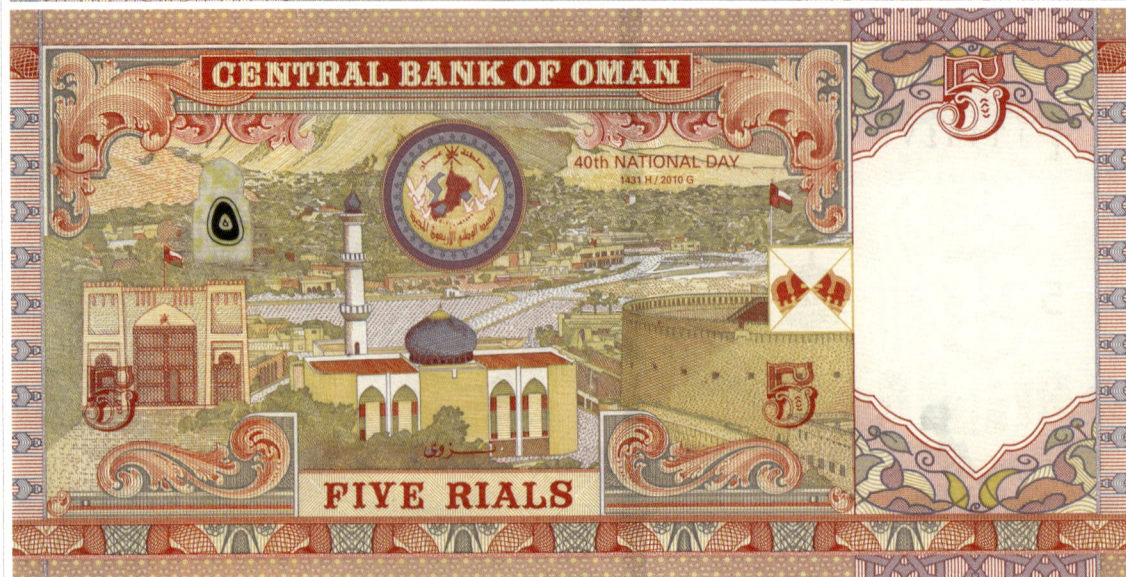

阿曼／里亚尔／卡布斯·本·赛义德

面　　额：5 里亚尔

发行年份：2010 年

规　　格：153mm×76mm

正面图案：卡布斯·本·赛义德 Qabus Bin Said（1940—
　　　　　2020），阿曼苏丹，赛义德王朝第 14 位君主，
　　　　　现代阿曼的"伟大的复兴者"

背面图案：阿曼内陆地区最大的城市、阿曼古都之一的尼
　　　　　兹瓦

巴基斯坦／卢比／真纳

面　　额：1000 卢比

发行年份：1988 年

规　　格：176mm×74mm

正面图案：穆罕默德·阿里·真纳 Mohammed Ali Jinnah
　　　　　（1876—1948），律师、政治家，巴基斯坦自
　　　　　治领首任总督

背面图案：巴基斯坦著名的贾汗吉尔陵墓

"很少有人能显著地改变历史进程，能修改世界地
图的人更少，而几乎没有人能创造一个民族国家，
穆罕默德·阿里·真纳做到了这三点。"

他是巴基斯坦国家的缔造者，
被尊为"巴基斯坦国父"。

他曾留学英国，回国后在孟买高等法院注册任律师，
为了民族利益当选"全印穆斯林联盟"主席。

1947 年 7 月，印度宗教对立终于不可调和，
英国宣布了《印度独立法》，8 月发生"印巴分治"。

他提出"团结、信仰和纪律"的建国口号，
为创立巴基斯坦独立国家，他不惜以生命为代价，
因劳累过度于 1948 年 9 月病逝于卡拉奇。

他说："当亿万穆斯林的存在受到威胁时，
一个人的健康是微不足道的。"

"世界上没有什么力量能够阻止巴基斯坦的建立。"

"我们不惜赴汤蹈火，因为相信阳光未来。"

韩国 / 韩圆 / 李裪

面　　额：100 韩圆

发行年份：1965 年

规　　格：156mm×66mm

正面图案：李裪 Yi Do（1397—1450），字元正，尊称"世宗
　　　　　大王"，朝鲜王朝第四代君主

背面图案：建于 1912 年的汉城朝鲜银行大楼

他是 15 世纪朝鲜历史上李氏王朝时期的著名君主，
他 21 岁时，太宗以"择贤"方式将王位禅让给他，
当时的宗主国中国明朝明成祖派太监和正副使赴朝鲜，
正式册封其为朝鲜国王。
他在位 32 年，励精图治，锐意进取，
在内外方略、文治武功上均有建树，
创造了朝鲜历史上最辉煌的一段时期，
被誉为"东海尧舜""圣君世宗"。
他编写了朝鲜自己的历法，
创制了最有影响和深远贡献的朝鲜民族
文字——训民正音，
使朝鲜有了自己民族的、适合标记的韩文，
为朝鲜民族留下了一笔宝贵的文化遗产。
他说："愚民有所欲言而终不得伸其情者多矣……
予为此悯然，新制二十八字，欲使人人易习，
便于日用矣。"

蒙古／图格里克／成吉思汗

面　　额: 1000 图格里克

发行年份: 2011 年

规　　格: 145mm×70mm

正面图案: 孛 儿 只 斤·铁 木 真 Genghis Khan（1162—1227），尊号"成吉思汗"，大蒙古国可汗，蒙古帝国奠基者，世界史上杰出的政治家、军事家。中间是蒙古民族古老的索永布图案

背面图案: 双排牛组成的大汗行辕

世界上对他的评价很高，但是非功过也颇有争议。
他是杰出的军事家和政治思想家，
统一了长期分裂混战的蒙古各部，
他曾建立了横跨欧亚大陆的帝国，
至今仍然是蒙古的国家象征和精神偶像。
他是中国元朝的奠基者，他为元统一全国、
结束分裂奠定了基础，被后世追尊为元太祖。
他说:"不要因路远而踌躇，只要去，势必到达。"
"你的心胸有多宽广，你的战马就能驰骋多远。"
"要让青草覆盖的地方都成为我们的牧马之地。"
"不要想有人保护你，不要乞求有人替你主持公道。
只有学会了靠自己的力量活下来，
你才算是真正的蒙古人，
也才是任何人都打不落马的蒙古人！"

日本 / 日元 / 夏目漱石

面　　额：1000 日元

发行年份：1984 年

规　　格：150mm×76mm

正面图案：夏目漱石 Soseki Natsume（1867—1916），本名夏目金之助，笔名漱石，取自"漱石枕流"（典出《晋书·孙楚列传》），日本近代作家

背面图案：一对起舞的丹顶鹤

他是日本社会最尖锐的批判者，
日本近代文学史上最杰出的代表作家之一，
代表作品有《我是猫》《哥儿》《旅宿》等。
他的作品是同时代被阅读最多的，
被称为"国民大作家"。
他具有不可思议的诗魂与才笔，让学生翻译 I love you 的
意思，学生直接翻译为"我爱你"。
他说："这句话你应该这样说：
这夏夜的月色真美丽。"
"听说在人的世界中所通用的爱的法则是这样的：
在于自己有利的条件下，则可以爱别人。"
他还说："这个世界上有很多人，
平常是个好人，至少是个普通人，
可一旦发生什么事情，就会变成坏人。"
"因为我连自己都不信任，所以不能信任他人，
我除了诅咒自己没有别的办法了。"

日本 / 日元 / 樋口一叶

面　　额：5000 日元

发行年份：2004 年

规　　格：156mm×76mm

正面图案：樋口一叶 Higuchi Ichiyo（1872—1896），日本作家

背面图案：日本艺术家尾形光琳的装饰画《蝴蝶花》（又称《燕子花图》局部图）

她是日本近代批判现实主义文学的开拓者之一，引领日本妇女社会角色变化的先驱，第一位被印在日本纸币上的女性。

她一生贫病交迫，生命的指针停留在 24 岁，在被称"一叶的奇迹十四月"期间，她写出了《大年夜》《浊流》《青梅竹马》《岔路》《十三夜》等一系列作品，为日本留下了永远的文学经典。

周作人感叹她："观察有灵，文字有神，天才至高，超绝一世。只是其来何迟，其去何早。"

她说："朋友不是先来的人或者认识最久的人，而是那个来了以后再也没有走的人。"

"世界上没有任何东西可以永恒。假如它流动，它就流走；假如它存着，它就干涸；假如它生长，它就慢慢凋零。"

"没有幸福的人生，就好像一叶无着的船，随波逐流，决定走向何方，完全不在自己掌握之中。"

他出生在美国，是具有一半华人血统的泰王子。
在哥哥去世后，他临危受命，19 岁登基，
成为泰国历史上曼谷王朝第九位国王，
也是迄今泰国历史上在位时间最长的国王，
泰国民间尊称其为"普密蓬大帝"。
他执政 70 年，经历了 19 场政变，
他都神奇地化险为夷且安然无恙。
他学识过人、多才多艺、乐善好施，
深谙政治，勤政一生，为民谋福祉。
他致力于推动泰国社会经济的发展，
确立并巩固了王室的权威地位。
在泰国，国王的权力凌驾于法律之上，
但他说："我也不能超然批评之外。"
他对教育非常重视，有一句著名的名言，
他说："教育是提高国家素质的重要途径，
也是国家昌盛的基石。"

泰国 / 泰铢 / 普密蓬

面　　额：60 泰铢

发行年份：1987 年

规　　格：159mm×159mm

正面图案：普密蓬·阿杜德 Bhumibol Adulyadej（1927—
　　　　　2016），泰国国王拉玛九世

背面图案：国王率王室成员接见民众代表

《泰国国王拉玛九世诞辰 60 周年》纪念钞

土耳其 / 里拉 / 凯末尔

面　　额：100000 里拉

发行年份：1970 年

规　　格：158mm×76mm

正面图案：穆斯塔法·凯末尔·阿塔图尔克 Mustafa Kemal
　　　　　Atatürk（1881—1938），土耳其共和国缔造者、
　　　　　第一任总统

背面图案：土耳其儿童向凯末尔献花图

面对帝国被瓜分殆尽，他一声高呼："不独立，毋宁死！"
他挺身率军队击退了西方列强的入侵，
亲手缔造了现代化的土耳其，
被尊称"土耳其国父"。
他推行的"凯末尔改革"、世俗化运动，
让脱胎于奥斯曼帝国的土耳其发生惊人巨变。
他说："要么获得完全独立，要么选择死亡。
这应该成为渴望解放的人不可放弃的理念。"
"一个国家无论多富裕，若其不完全独立的话，
这样他们在文明世界的人眼里，
最多也就是一个仆人的地位。"
他自豪地说："'我土耳其人'，
说出这句话的人有多么幸福。"
他笃信未来，为人民鞠躬尽瘁，死而后已。
看到国家的复兴，一个崭新的土耳其民族的崛起，
他说："我终归于尘土，而共和国却将永存。"

新加坡 / 新加坡元 / 尤索夫

面　　额：1000 新加坡元

发行年份：1999 年

规　　格：170mm×83mm

正面图案：尤索夫·宾·伊萨克 Yusof Bin Ishak（1910—1970），新加坡政治家、首任总统，被尊称"新加坡国父"

背面图案：新加坡国家机构，中间是新加坡总统府，左、右为议会大厦和最高法院大楼

亚洲

1938 年，他与在新加坡的马来族领导一起，
创立了《马来前锋报》，积极参与了新加坡独立进程，
1959 年，在立法议院议员李光耀的邀请下，
他出任新加坡公共服务委员会主席；
在大选组建的政府中，被任命为新加坡自治邦州长。
1965 年新加坡共和国成立，他成为新加坡首任总统。
领导刚刚独立的国家，尤索夫面临着巨大挑战，
他积极推广各项种族和谐活动，
致力于优先改善人民生活，让人民都有房住。
他以卓越的领导能力和政治智慧，
对新加坡的建设起到了决定性的作用，
为今天的繁荣奠定了基础，
成为了新加坡历史上的重要人物。
他说："一个国家的强弱，根本在于人民素质的高低，
只有全民素质提高了，国家才能真正强大起来。"
他还有一句著名的话是："礼貌是后天造就的好脾性。"

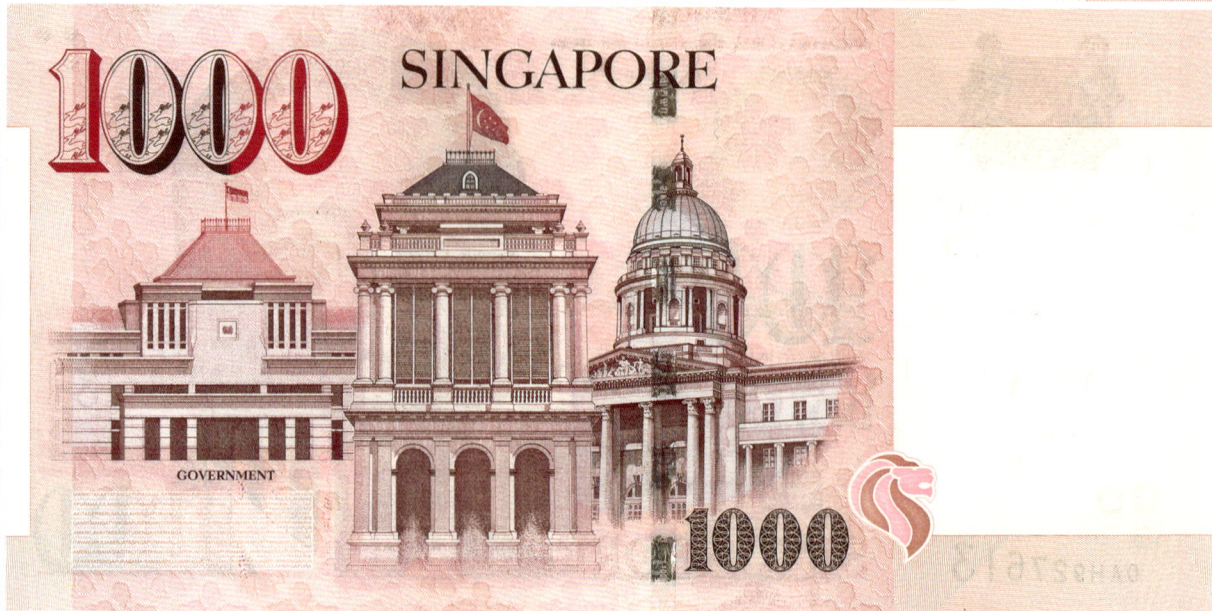

010

以色列／里拉／爱因斯坦

面　　额：5 里拉

发行年份：1968 年

规　　格：150mm×75mm

正面图案：阿尔伯特·爱因斯坦 Albert Einstein （1879—
　　　　　1955），生于德国，美国和瑞士双国籍的犹太裔物
　　　　　理学家，他被誉为 20 世纪的"世纪伟人"。左侧是
　　　　　宇宙空间运行着的星球及原子图

背面图案：位于以色列特拉维夫附近的原子能反应堆

他是世界公认的伟大的物理学家，
现代物理学的奠基人，思想家和哲学家。
他提出光子假设，成功解释了光电效应，
因此获得 1921 年诺贝尔物理学奖。
他创立了狭义相对论和广义相对论，
对于现代物理学的发展和现代人类思想的发展，产生巨大的影响。
他说："想别人不敢想的，你已经成功了一半；
做别人不敢做的，你就会成功另一半。"
"耐心和恒心总会得到报酬的。"
"不管时代潮流和社会风尚怎样，人总可以凭着自己高贵的品质，
超脱时代和社会，走自己正确的路。"
"我的政治理想是民主。
让每一个人都作为个人而受到尊重，
而不让任何人成为崇拜的偶像。"
2005 年，德国人将他的警句镌刻在政府大楼上：
"国家是为人而设立的，而人不是为国家而生存。"

印度 / 卢比 / 甘地

面　　额：500 卢比

发行年份：2005 年

规　　格：167mm×73mm

正面图案：莫罕达斯·卡拉姆昌德·甘地 Mohandas
　　　　　Karamchand Gandhi（1869—1948），印度民族解
　　　　　放运动领导人、印度国民大会党领袖

背面图案："食盐进军"运动人物群雕塑

他被尊称"圣雄甘地"和"印度之父"，
他领导了反抗英国殖民当局的"食盐进军"运动，
是印度"非暴力不合作运动"的创始人，
他以顽强的精神带领国家迈向独立。
世人公认他列出的可以毁灭人类的七件事：
1. 没有原则的政治；2. 没有牺牲的崇拜；
3. 没有人性的科学；4. 没有道德的商业；
5. 没有是非的知识；6. 没有良知的快乐；
7. 没有劳动的富裕。
他说："地球所提供的足以满足每个人的需要，
但不足以填满每个人的欲望。"
他指出："幸福就是你的所想、
所说和所做的和谐统一。"
"时刻致力于思想、语言和行为的完全和谐。
时刻致力于净化你的思想，
这样一切就都会好起来的。"
"仇恨是一种负担，它伤害自己，也伤害他人。"

越南 / 越南元 / 胡志明

面　　额：5000 元
发行年份：1953 年
规　　格：153mm×86mm
正面图案：胡志明（1890—1969），越南民主共和国缔造者，
　　　　　越南劳动党主席、国家主席、总理
背面图案：越南军队高炮阵地实战场景

他坚定领导反对法国殖民者和抗日救国的斗争，
起草了越南《独立宣言》，
是越南民主共和国的主要缔造者。
他不惧美国的武力强暴，
坚信越南"人民的抗美救国事业，
一定能获得完全胜利"。
他说："一个人只有热爱自己的祖国，
他才有可能成为伟大的人。"
"无论你走到天涯海角，都应该念念不忘自己的祖国。"
"以我们的力量解放我们自己。
没有什么比独立自由更可宝贵的了。"
"革命道德不是从天上掉下来的。
它是从日常的坚持不懈的斗争和锻炼中发展
和巩固起来的，正如玉石越磨越亮、
黄金越炼越纯一样。"

VIỆT-NAM DÂN CHỦ CỘNG HÒA

越南民主共和

MH　　633402

5000

伍仟元

5000

NĂM NGHÌN ĐỒNG

5000

NGÂN HÀNG QUỐC GIA VIỆT-NAM　5000

伍仟元

5000　1953　5000

中国／清代大清银行兑换券／李鸿章

面　　额：壹圆

发行年份：1909 年（宣统元年）

规　　格：155mm×83mm

正面图案：李鸿章（1823—1901），安徽合肥人，晚清名臣，
东宫三师、文华殿大学士、北洋通商大臣、直隶总
督。右图为郑州黄河铁路近景

背面图案：北京长河一景

他是晚清重臣，举足轻重，功过百年褒贬不一。
他引进西方知识，推动了中国现代化经济的发展，
统领洋务运动，创建了近代中国百个第一。
他首开华夏学子海外留学之举，
主持修建中国第一条铁路，
创建中国第一支西式海军……
日本人称他是"大清帝国中唯一有能耐可和
世界列强一争长短之人"。
他的治国理念是："古今国势，必先富而后强，
尤必富在民生，而国本乃益可固。"
他吟怀恢廓："丈夫只手把吴钩，意气高于百尺楼。
一万年来谁著史，三千里外欲封侯。
定将捷足随途骥，那有闲情逐水鸥。
笑指卢沟桥畔月，几人从此到瀛洲？"

中国／清代北洋天津银号银两票／李鸿章

面　　额：库平足银拾两
发行年份：1908 年—1910 年
规　　格：196mm×105mm
正面图案：李鸿章像、双龙戏珠图饰、港口风光，库平是
　　　　　清政府部库称量银两的标准，是清朝时期使用
　　　　　的一种货币单位，库平银用于国库的收支活动
背面图案：《管子》摘录，左为满文

他说："赤裸裸地谈利益最接近近理性。
天下熙熙攘攘，皆为利耳。
我无利于人，谁肯助我？"
"财聚人散，财散人聚。只有懂得分享利益，
一个人才能调动更多的人脉和资源，
最终成就一番事业。"
他家祠堂书："享清福不在为官，只要囊有钱，
仓有米，腹有诗书，便是山中宰相。
祈寿年无须服药，但愿身无病，
心无忧，门无债主，可为地上神仙。"

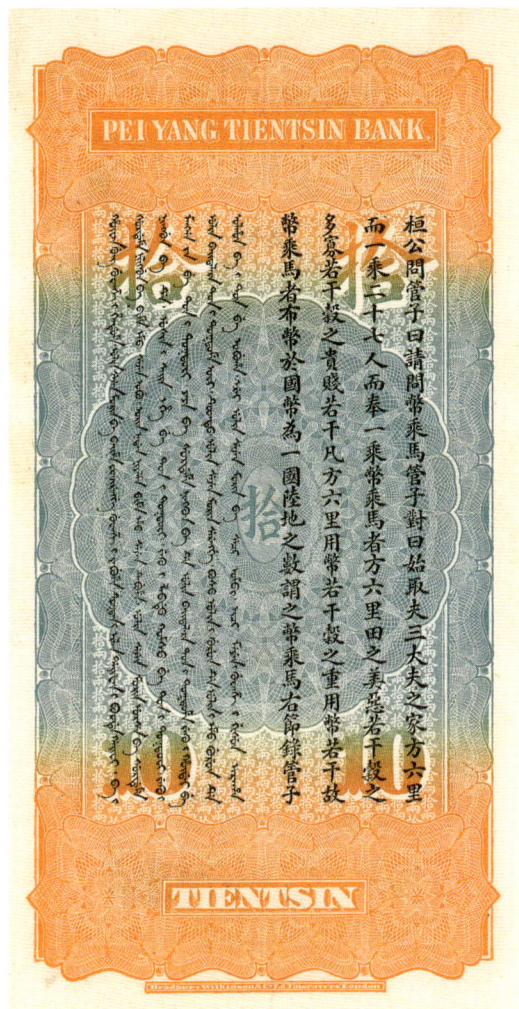

桓公问管子曰："请问币乘
马。"管子对曰："始取夫
三大夫之家，方六里而一乘。币乘马
者，方六里，田之美恶若干，谷之多寡若干，
谷之贵贱若
干，凡方六里用币若干，
谷之重用币若干。故币乘马者，
布币于国，币为一国陆地之
数。谓之币乘马。"
右节录
管子。

中国／清代大清银行兑换券／载沣

面　　额：壹百圆

发行年份：1910 年（宣统二年）未发行（注：此币为 20
　　　　　世纪 90 年代北京印钞厂翻印版）

规　　格：183mm×96mm

正面图案：爱新觉罗·载沣（1883—1951），宣统帝溥
　　　　　仪生父，军机大臣。右侧背景为飞龙在天

背面图案：花符纹饰与面额

这张纸币是中国第一次引进雕版印刷技术设备印制，
由美国印钞技师海趣设计的，俗称"大青龙钞"。
纸币上的载沣像及"飞龙在天"图雕刻气势宏大，
彰显出大清宗室中最后一位精英的精气神。
他生于北京太平湖醇亲王府内，世袭王爵，
是道光皇帝的孙子，醇亲王奕譞的第五子，
光绪帝载湉的异母弟弟，溥仪的生父，
光绪三十四年（1908）的军机大臣，
随着小皇帝溥仪登基，
他又任监国摄政王，代理陆海军大元帅，
是清朝最后三年中国的实际统治者。
青年时他曾出使德国，不跪德皇，亦不辱使命；
晚年间在东北拒绝日伪诱降，义回关内不失忠节。

中国／民国时期中国银行券／袁世凯

面　　额：伍拾圆

印行年份：1914 年（民国三年）未发行

规　　格：178mm×92mm

正面图案：袁世凯（1859—1916），字慰亭，号容庵、洗
心亭主人，河南项城人。北洋军阀首领，清末
内阁总理大臣，首任中华民国大总统

背面图案：花符纹饰与面额

他是中国近代史上著名的政治家、军事家，
辛亥革命后中华民国第一任大总统，
对中国现代化进程的推进产生过重要影响。
他建立了中国第一支近代化新式陆军（新军），
废除科举制度，为中国开创了新式教育的先河，
督造京张铁路，推动中国铁路自主设计建设，
积极发展实业，统一币制，袁世凯头像银币流通全国。
他主张建强国、建强大的中央政府，
其后却违背历史潮流复辟称帝，最终以失败收场。
他的一生备受争议，荣辱功过各有评说，
但其对天下的兴衰却有深刻的见解。
他说："每念今日大患，尚不在国势而在人心。
苟人心有向善之机，即国本有底安之理。"
"一个国家不必愁贫，不必忧弱，
惟独国民道德若良亡，则乃必鱼烂土崩而不可救。"
"人生以服务为目的，当士大夫及举世皆为利禄之念所囿，
而忘其以天下为己任之本志时，吾知其心不终矣。"

亚洲

中国／民国时期浙江兴业银行兑换券／管仲

面　　额：壹圆

发行年份：1923 年（民国十二年）

规　　格：146mm×83mm

正面图案：管仲（约前 723—前 645），姬姓，名夷吾，字仲，
　　　　　颍上人，春秋时期齐国国相

背面图案：大雄鸡图

他是中国古代春秋时期著名的政治家、
经济学家、哲学家和军事家，
辅佐齐桓公成为春秋五霸之首，
被誉为"春秋第一相"，尊称"仲父"。
在位期间，他对内大兴改革，富国强兵，
对外"尊王攘夷"，"九合诸侯，一匡天下"。
他认为礼、义、廉、耻是维系国家的精神支柱，
后人把他的思想整理成书，即《管子》。
他说："凡治国之道，必先富民。"
"仓廪实则知礼节，衣食足则知荣辱。"
"礼义廉耻，国之四维。四维不张，国乃灭亡。"
"必得之事，不足赖也；必诺之言，不足信也。"
"法者，所以兴功惧暴也；律者，所以定分止争也；
令者，所以令人知事也。"
"政之所兴在顺民心，政之所废在逆民心。"

中国／民国时期浙江兴业银行兑换券／王阳明

面　　额：伍圆

发行年份：1923年（民国十二年）

规　　格：158mm×90mm

正面图案：王阳明（1472—1529），字伯安，号阳明，本名
　　　　　王守仁，浙江余姚人。明代著名的思想家、哲学家、
　　　　　书法家兼军事家

背面图案：大雄鸡图

他被誉为"千古第一完人"，
初入官场见不平仗义上疏，被贬贵州，
身处偏隔，他潜心修炼，"龙场悟道"得新领悟，
其曰："圣人之道，悟性自足，不假外求。"
为"心学"开创一片新天地，
以立德、立功、立言而流芳百世。
他说："人有在意生死的念头，是生命本身带来的，
所以不容易去掉。如果在这里都能看破、想透彻，
心的全部本体才能自由没有阻碍，
这才是尽性至命的学问。"
"夫万事万物之理不外于吾心。"
"破山中贼易，破心中贼难。"
"天地虽大，但有一念向善，心存良知，
虽凡夫俗子，皆可为圣贤。"
"天下第一等事是读书、做一个圣贤的人。"

中国／民国时期河南省银行券／岳飞

面　　额：拾圆

发行年份：1922 年（民国十一年）

规　　格：122mm×75mm

正面图案：岳飞（1103—1142），字鹏举，相州汤阴（今河南汤阴县）人。南宋抗金名将，军事家、战略家、书法家、诗人。生前被授予"精忠岳飞"，死后封为鄂王，谥号武穆，后多称"岳武穆王"

背面图案：河南省总银行印及面额

他是南宋时期抗金名将，位列南宋"中兴四将"之首。
他文韬武略，勇于作战、善于用兵，
先后参与、指挥大小战斗数百次，大败金军。
他说："兵家之要，在于出奇，不可测识，始能取胜。
阵而后战，兵法之常，运用之妙，存乎一心。"
他精忠报国，却因"莫须有"的罪名遇害。
他说："文官不爱钱，武官不惜死，不患天下不太平。"
留下名扬千古的杰作《满江红》：
怒发冲冠，凭栏处、潇潇雨歇。
抬望眼、仰天长啸，壮怀激烈。
三十功名尘与土，八千里路云和月。
莫等闲、白了少年头，空悲切。
靖康耻，犹未雪。臣子恨，何时灭。
驾长车，踏破贺兰山缺。
壮志饥餐胡虏肉，笑谈渴饮匈奴血。
待从头、收拾旧山河，朝天阙。

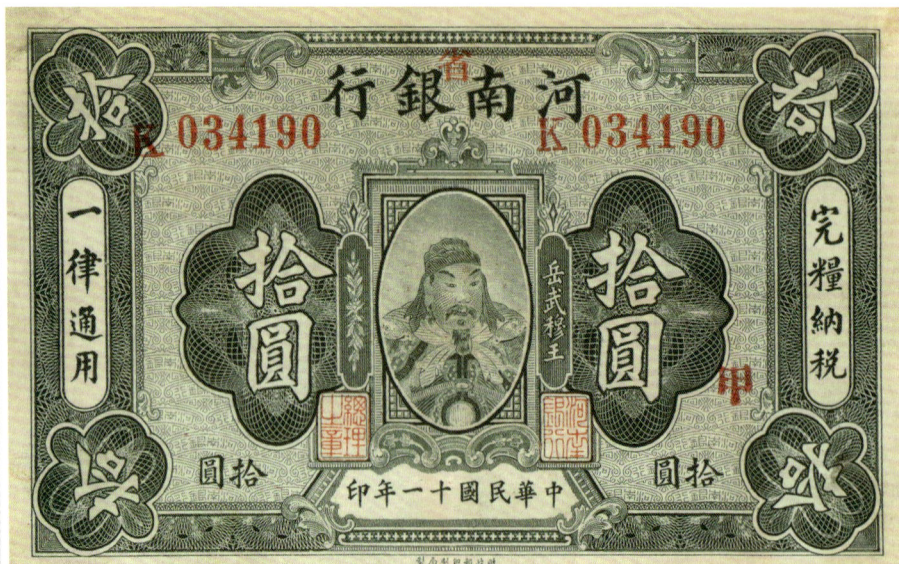

中国／民国时期中央银行券／孙中山

面　　额：拾圆

发行年份：1937年（民国二十六年）

规　　格：165mm×82mm

正面图案：孙中山（1866—1925），名文，字载之，号逸仙，
　　　　　广东香山县（今中山市）人，中国近代政治家、
　　　　　革命家、思想家，中华民国临时大总统。右为青
　　　　　铜三足圆鼎

背面图案：孔子见老子汉画像石图

他被尊称为"中华民国国父"，
是伟大的民族英雄和爱国主义者，
中国近代民主革命的先驱之一，
中华民国和中国国民党的缔造者。
他主张民族、民权、民生的三民主义，
首先举起彻底反帝反封建的旗帜，
第一个喊出"振兴中华"的口号，
"起共和而终两千年封建帝制"。
他说："以吾人数十年必死之生命，
立国家亿万年不死之根基，其价值之重可知。"
"生活就是知道自己的价值、
自己所能做到的与自己所应该做到的。"
"自己应为之事，勿求他人；
今日应为之事，勿待明日。"
"天下大势，浩浩荡荡，顺之者昌，逆之者亡。"

中国／民国时期中国联合准备银行券／孔子

面　　额：壹圆
发行年份：1938年（民国二十七年）
规　　格：181mm×93mm
正面图案：孔子（前551—前479），名丘，字仲尼，鲁国陬邑
　　　　　（今山东曲阜东南）人。春秋末期伟大思想家、教
　　　　　育家和哲学家
背面图案：双龙纹饰及面额

亚洲

他是儒家学派的创始人，
中华文化重要的代表人物之一，
被尊为"至圣先师"和"万世师表"的"圣人"。
他开创私人讲学之风，倡导仁义礼智信，
有弟子三千，贤人七十二，传有《论语》一部；
他的思想对中国和世界都有深远的影响，
被列为"世界十大文化名人"之首。
他说："饭疏食饮水，曲肱而枕之，乐亦在其中矣。
不义而富且贵，于我如浮云。"
"智者乐水、仁者乐山；智者动、仁者静；
智者乐、仁者寿。""三人行，必有我师。"
"水惟善下方成海，山不矜高自极天。
圣人胸中有大道，得失成败在其中。"
"人而无信，不知其可也。
大车无輗，小车无軏，其何以行之哉。"

中国 / 民国时期伪满洲中央银行券 / 孟子

面　　额：五圆
发行年份：1938 年（民国二十七年）
规　　格：137mm×74mm
正面图案：孟子（约前 372—前 289），名轲，鲁国邹（今山东邹城）人。战国时期的思想家、哲学家和教育家
背面图案：伪满洲政府大楼

他是继孔子之后的儒家重要代表人物，
被誉为"亚圣"，与孔子并称为"孔孟"，
他的学说对后来的儒家思想产生了深远的影响。
他主张"性善论"，认为人的本性是善良的，
他强调道德修养，倡导"仁政"，反对苛政和战争。
他的著作《孟子》是中国古代儒家经典之一。
他说："民为贵，社稷次之，君为轻。"
"穷则独善其身，达则兼善天下。"
"富贵不能淫，贫贱不能移，
威武不能屈，此之谓大丈夫。"
"天下之本在国，国之本在家，家之本在身。"
"人之所不学而能者，其良能也；
所不虑而知者，其良知也。"
他说："生于忧患，死于安乐。"
"天将降大任于是人也，必先苦其心志，
劳其筋骨，饿其体肤，空乏其身，行拂乱其所为，
所以动心忍性，曾益其所不能。"

中国 / 民国时期中国银行券 / 廖仲恺

面　　额：壹圆

发行年份：1939 年（民国二十八年）

规　　格：148mm×74mm

正面图案：廖仲恺（1877—1925），原名恩煦，又名夷白，字仲恺，广东省归善县人。中国近代民主革命家、国民党左派政治家、社会活动家

背面图案：上海中国银行大厦

他是中国近代著名的民主革命活动家、伟大的爱国主义者、中国民主主义革命的先驱。他协助孙中山建立了中国同盟会，并担任了同盟会总部的重要职务。他积极宣传孙中山的三民主义思想，协助孙中山制定"联俄、联共、扶助农工"三大政策。他全力辅佐孙中山改组国民党，并权力促成第一次国共合作，是国民党左派的光辉旗帜，中国共产党的挚友。他借助中国共产党的力量，筹备和创办黄埔军校，后任中华民国政府财政部总长、军事委员会常务委员。1925 年 8 月 20 日在广州被国民党右派暗杀。他有诗曰："国仇未报心难死，忍作寻常泣别声。"面对敌人的死亡威胁，他坦然说道："为党为国而牺牲，是革命家的夙愿，何事顾忌！"他说："人生最重是精神，精神日新德日新。"

中国／民国时期中央银行券／林森

面　　额：贰拾圆

发行年份：1945 年（民国三十四年）

规　　格：146mm×62mm

正面图案：林森（1868—1943），原名林天波，字长仁，
　　　　　号子超，晚年自号青芝老人，福建闽县（今福建
　　　　　闽侯）人；中国近代政治家，中国同盟会、国民
　　　　　政府委员，民国政府主席

背面图案：泰山南天门

鹤发童颜，银须飘垂；温文尔雅，仪态端庄。
他是一位光明磊落的君子，民国的"布衣元首"。
1931 年 12 月，他接替因"九一八事变"下野的蒋介石，
任中华民国政府主席。
1938 年 3 月，主持国民党临时全国代表大会，
坚持不妥协和抗战必胜主张，通过《抗战救国纲领》。
1941 年 12 月 9 日，他以国家元首名义代表国民政府对日宣战。
林森任职民国政府主席 12 年，
担得起一句"德高望重"。
他在给家人的书信中谈道：
"人类相与，公则易合，私则易离。"
他说："做官乃为人民服务。"
"廉耻自守则长足，道德是乐乃无忧。
勤能补拙，俭可养廉，实为不易之论。"
"地大不足为宝，人众不足为恃，
惟道德与学问，为立身立国之根本。"

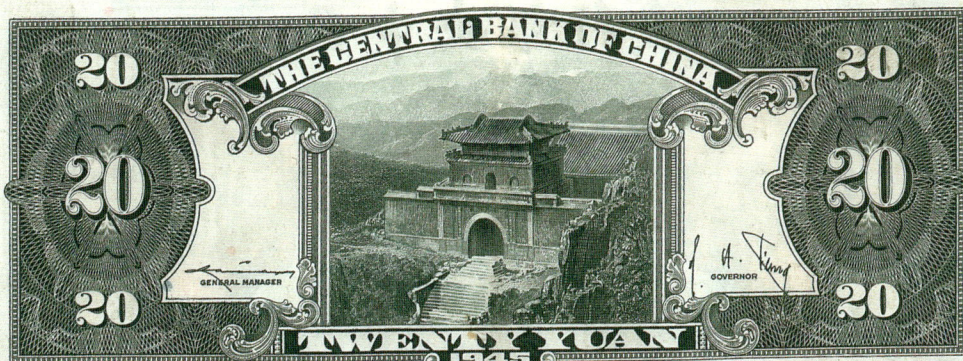

毛泽东同志是伟大的马克思主义者，
伟大的无产阶级革命家、战略家、理论家，
是马克思主义中国化的伟大开拓者，
中国社会主义现代化建设事业的伟大奠基者，
是近代以来中国伟大的爱国者和民族英雄，
是党的第一代中央领导集体的核心，
是领导中国人民彻底改变自己命运和国家面貌的
一代伟人，是为世界被压迫民族的解放和人类
进步事业作出重大贡献的伟大的国际主义者。
他的诗词《沁园春·雪》是中国诗词史上的不朽丰碑。

沁园春·雪
北国风光，千里冰封，万里雪飘。
望长城内外，惟余莽莽；大河上下，顿失滔滔。
山舞银蛇，原驰蜡象，欲与天公试比高。
须晴日，看红装素裹，分外妖娆。
江山如此多娇，引无数英雄竞折腰。
惜秦皇汉武，略输文采；唐宗宋祖，稍逊风骚。
一代天骄，成吉思汗，只识弯弓射大雕。
俱往矣，数风流人物，还看今朝。

中国／民国时期东北银行地方流通券／毛泽东

面　　额：伍百圆
发行年份：1947 年（民国三十六年）
规　　格：150mm×60mm
正面图案：毛泽东（1893—1976），字润之，湖南湘潭人。
　　　　　中国共产党、中国人民解放军和中华人民共和
　　　　　国的主要缔造者和领导人，诗人、书法家
背面图案：佳木斯火车站

中国／民国时期长城银行冀察热辽流通券／毛泽东

面　　额：伍百圆

发行年份：1948 年（民国三十七年）

规　　格：146mm×58mm

正面图案：毛泽东（1893—1976），字润之，湖南湘潭人。
　　　　　中国共产党、中国人民解放军和中华人民共和国
　　　　　的主要缔造者和领导人，诗人、书法家

背面图案：长城

七律·人民解放军占领南京

钟山风雨起苍黄，百万雄师过大江。
虎踞龙盘今胜昔，天翻地覆慨而慷。
宜将剩勇追穷寇，不可沽名学霸王。
天若有情天亦老，人间正道是沧桑。

沁园春·长沙

独立寒秋，湘江北去，橘子洲头。
看万山红遍，层林尽染；漫江碧透，百舸争流。
鹰击长空，鱼翔浅底，万类霜天竟自由。
怅寥廓，问苍茫大地，谁主沉浮？
携来百侣曾游，忆往昔峥嵘岁月稠。
恰同学少年，风华正茂；书生意气，挥斥方遒。
指点江山，激扬文字，粪土当年万户侯。
曾记否，到中流击水，浪遏飞舟？

EH 0898

1000

他是讽刺文学大师，以《格列佛游记》闻名于世，
被高尔基誉为"世界伟大文学的创造者"。
毛姆评论他的作品"简洁、明快而且自然"，
具有"机智的嘲讽、巧妙的思维、
丰富的幽默与充满生命的活力"。
他说："没有廉耻的王国，是不安全的王国。"
"无论谁想获得自尊的名声，
都应该隐藏起他的自负。"
"我相信在政治中有这样一条神圣的
'马雅维里'定律：为了一部分人的利益，
另一部分人就要做出牺牲。"
"一个人如果在街上注意观察，我相信，
他一定会在灵车上发现最愉快的表情。"
"有许多真实的话，都是在笑话中讲出来的。"

爱尔兰 / 爱尔兰镑 / 斯威夫特

面　　额：10 爱尔兰镑
发行年份：1979 年
规　　格：164mm×86mm
正面图案：乔纳森·斯威夫特 Jonathan Swift（1667—
　　　　　1745），爱尔兰作家、政论家
背面图案：一张古老的都柏林城区地图

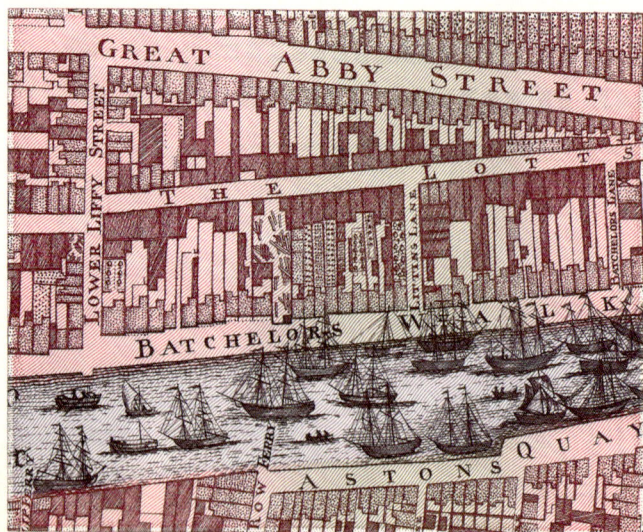

爱尔兰 / 爱尔兰镑 / 叶芝

面　　额：20 爱尔兰镑

发行年份：1980 年

规　　格：173mm×90mm

正面图案：威廉・巴特勒・叶芝 William Butler Yeats（1865—1939），爱尔兰诗人、剧作家和散文家。背景为艾比剧院（又称爱尔兰国家剧院）雕刻的标识符号

背面图案：爱尔兰大布拉斯基特岛和北岛

他是"爱尔兰文艺复兴运动"的领袖，被诗人艾略特誉为"当代最伟大的诗人"。他"用鼓舞人心的诗篇，以高度的艺术形式表达了整个民族的精神风貌"，因而获得 1923 年诺贝尔文学奖。他的《当你老了》是一首超越时光的永恒爱情诗篇："当你年老，两鬓斑斑，睡意沉沉，打盹儿在炉火旁，取下这本书来慢慢地诵读，梦吧着你昔日的神采，温柔的眼波中映着倒影深深；多少人爱你欢跃的青春，爱你的美丽，出自假意或者真情；但只有一个人爱你灵魂的至诚，爱你衰老的脸上痛苦的皱纹……"回望走过的人生，他给自己写下墓志铭："投出一道冷眼／向生，向死／骑士，策马向前。"

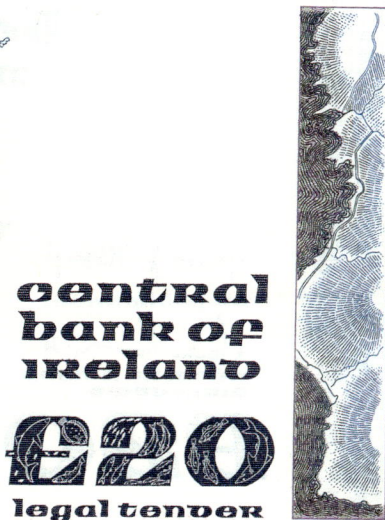

奥地利 / 先令 / 海顿

面　　额：20 先令

发行年份：1950 年

规　　格：148mm×70mm

正面图案：弗朗茨·约瑟夫·海顿 Franz Joseph Haydn
　　　　　（1732—1809），奥地利作曲家、钢琴家和
　　　　　小提琴家、指挥家，交响乐之父

背面图案：艾森施塔特海顿入葬的纪念教堂与教堂上敲
　　　　　铜鼓的小天使雕塑

他是欧洲古典主义时期作曲家，
维也纳古典乐派的奠基人，
被誉为"交响曲之父"和"弦乐四重奏之父"。
莫扎特、贝多芬曾是他的学生，
因性情温厚关爱下属，享有"海顿爸爸"的别号。
他一生创作 100 余首交响曲、80 余首弦乐四重奏、
30 部左右的歌剧及宗教礼仪曲等。
作于 1797 年的曲谱《皇帝四重奏》，后被定为奥匈帝国的国歌，
其后两百年至今日德国，
虽然国歌歌词不同，但一直使用的都是他的这个曲谱。
他说："让自由的艺术和音乐本身美的规律，
冲破技术的樊篱，给思想和心灵以自由。"
"艺术的真正意义在于使人幸福，
使人得到鼓舞和力量。"
"当我坐在那架破旧古钢琴旁边的时候，
我对最幸福的国王也不羡慕。"

奥地利 / 先令 / 施特劳斯

面　　额：100 先令

发行年份：1960 年

规　　格：152mm×75mm

正面图案：约翰·施特劳斯 Johann Strauss（1825—1899），
　　　　　奥地利作曲家、指挥家、小提琴家、钢琴家

背面图案：维也纳美泉宫

他出生于音乐世家，7 岁开始创作圆舞曲，
19 岁时就举办了一系列音乐会。
一生写了 400 多首乐曲，其中圆舞曲 168 首，
被世人称为"圆舞曲之王"。
他的《蓝色多瑙河》被誉为"奥地利的第二国歌"，
《维也纳森林的故事》让人恍若置身仙境，
《春之声圆舞曲》深受世界人民的喜爱：
"春天的声音在回荡，小鸟甜蜜歌唱，
小丘和山谷闪金光，谷中回声鸣响，
看春天穿上了新装，在我们身旁。
啊，让我们欢畅，忘掉烦恼，
赶走忧伤，沐浴明媚的阳光。"
他说："音乐是人生的艺术。""一名想当真正音乐家的人，
就得有为一张菜单谱曲的能力。""只有音乐让我忘记一切，
因为这个时候我能很专心……"
"只有在音乐中，人类才能找到与神灵相似的本源。"

奥地利 / 先令 / 苏特纳

面　　额: 1000 先令

发行年份: 1966 年

规　　格: 159mm×84mm

正面图案: 贝尔塔·冯·苏特纳 Bertha Von Suttner
（1843—1914），奥地利女作家、激进的
和平主义者

背面图案: 奥地利著名的霍亨萨尔茨堡城堡

她出身贵族，父亲是一个窘困的帝国元帅，
虽然家道中落，但她仍受到良好教育。
1889 年，她发表了小说《放下武器！》，
成为一个和平主义者，
于 1891 年创立了奥地利和平主义组织。
并曾以一己之力平息了几次战争。
她 1905 年获得诺贝尔和平奖，
是世界上第一个获得该奖项的女性。
诺贝尔热情地写信给她:
"下次我有幸和你握手时，会感到荣幸和幸福，
这只手如此勇敢地以'战争'对抗战争。"
她说:"世界上仅次于爱的最美丽的动词，就是帮助。"
她高声呐喊:"战争，所有的战争都是地狱！"
"复仇，无休止的复仇？……任何一个有理智的人
都不会想到用墨水来洗墨迹，用油来洗油渍——
只有血，却总是要用血来洗去！"

奥地利 / 先令 / 薛定谔

面　　额：1000 先令

发行年份：1982 年

规　　格：152mm×76mm

正面图案：埃尔温·薛定谔 Erwin Schrödinger（1887—
　　　　　1961），奥地利著名物理学家，维也纳大
　　　　　学物理研究所荣誉教授

背面图案：维也纳大学与原子符号

他是量子力学奠基人之一，
促进和发展了分子生物学，
波动力学是他"灵机闪动的结果"，
爱因斯坦称之为"来源于真正的天赋"，
这使他成为 1933 年诺贝尔物理学奖获得者。
他的"薛定谔定律"被镌刻在他的墓碑上。
他说："生命的意义不在其活着，而在其思考。"
"人们可以自由选择如何去思考，这正是人性之谜所在。"
"创造力最重要的不是发现前人未见的，
而是在人人所见到的现象中想到前人所没有想到的。"
"对意识来说，没有曾经和将来，
只有包括记忆和期望在内的现在。"
"诚然，人类生活的每一天，
甚至个体的全部生命史都只不过是在永远无法
完成的雕塑上一点细小的斧痕，
我们在进化中已经历的巨大的变化，
也正是由这无数斧凿汇聚而成的。"

他是心理学、精神分析学派的创始人，
《梦的解析》被推崇为是他最伟大的著作，
《癔症研究》为精神分析学奠定了理论基础。
他说："梦是一个人与自己内心的真实对话，
是自己向自己学习的过程，
是另外一次与自己息息相关的人生。"
他说："人的举动都不是无端地做出的，
无意识乃是真正的精神实质。"
"在人的潜意识里，人的性欲一直是处于压抑的状况，
社会的道德法制等文明的规则使人的
本能欲望时刻处于理性的控制之中。
凡存在着禁忌的地方，就必然有潜藏的欲望。"
"大多数人并不真的想要自由，因为自由包含责任，
而大多数人害怕责任。""妒忌是一种感情状态，
如悲伤一样，可以归结为是正常的。"
"未被表达的情绪永远都不会消失。它们只是被活埋了，
有朝一日会以更丑恶的方式爆发出来。"

奥地利 / 先令 / 弗洛伊德

面　　额：50 先令

发行年份：1986 年

规　　格：130mm×65mm

正面图案：西格蒙得·弗洛伊德Sigmund Freud（1856—
　　　　　1939），奥地利精神病医生

背面图案：维也纳约瑟夫医学院

奥地利 / 先令 / 莫扎特

面　　额：5000 先令

发行年份：1988 年

规　　格：160mm×78mm

正面图案：沃尔夫冈·阿玛多伊斯·莫扎特 Wolfgang
　　　　　Amadeus Mozart（1756—1791），奥地利作
　　　　　曲家

背面图案：维也纳国家剧院

他是音乐天才中最完美的化身，

欧洲最伟大的古典主义音乐作曲家之一。

他一生完成了 600 余部（首）不同的音乐作品，

《费加罗的婚礼》《唐璜》《魔笛》是他的代表作。

他的音乐受到全世界人民的喜爱，

献给人类的这些音乐中满载着他的心声。

他说："艺术的第一目的是展示出心灵的美丽。"

"生活的苦难压不垮我。

我心中的欢乐不是我自己的，我把欢乐注进音乐，

为的是让全世界感到欢乐。"

"我总是努力把我所想到的一切都变成音乐。"

"谁和我一样用功，谁就会和我一样成功。"

"如果爱是一种力量，那音乐是一种动力。

每一种羞耻都被命运安排着等我高傲的灵魂醒来。"

"我将会在旋律中生活，也将会在旋律中逝去。

音乐成了我的生命。"

奥地利／先令／兰德斯坦纳

面　　额：1000 先令

发行年份：1997 年

规　　格：154mm×72mm

正面图案：卡尔·兰德斯坦纳 Karl Landsteiner
　　　　　（1868—1943），奥地利著名病理学家、
　　　　　免疫学家，人类血型的发现者

背面图案：兰德斯坦纳在实验室工作

他毕业于维也纳大学医学院并继续留校学习化学，
是第一位研究人体免疫物理过程的科学家。
在实验室中的敏锐、责任感与锲而不舍的坚持，
使他成功地发现了人类血型的秘密，
发现了人类血型中 A、B、O、AB 型中的前三者，
使现代血型关系正式确立，被誉为"血型之父"。
他的研究贡献不仅对于安全输血和
治疗新生儿的溶血症提供理论基础，
而且对免疫学、遗传学和法医学都具有重大意义，
被授予 1930 年诺贝尔生理学或医学奖，
他的生日被定为"世界献血者日"。
他说："用想象的力量，
充满你拥有面对真理的勇气。"
"敏锐你的感觉，对心灵负责。"
"医生只有两只手，不能为病人做一切，
只能帮助病人恢复自愈能力。"

比利时 / 法郎 / 维萨里

面　　额：5000 法郎

发行年份：1977 年

规　　格：168mm×83mm

正面图案：安德烈·维萨里 Andreas Vesalius（1514—
　　　　　1564），著名医生、解剖学家

背面图案：希腊神话中的神医阿斯克勒庇俄斯雕像

他是近代人体解剖学的创始人，
是与哥白尼齐名的科学革命的两大代表之一。
他生于布鲁塞尔的一个宫廷御医世家，
是意大利帕多瓦大学博士，教授外科学和解剖学。
1543 年他出版的《人体的结构》开启了解剖学的全新时代，
有史以来第一次把人类身体的各个器官，
以精准复现的方式展现出来，
被认为是现代解剖学的奠基之作。
他为这本书配上了准确精致的插图，
更为人体血液循环的发现开辟了道路。
他因坚持科学的真理，触动了当时教会的利益，
遭陷害，被宗教裁判所判处死刑，
后改判为朝圣流刑，不幸死于服刑路上。
他说："我要以用人体本身的解剖来
阐明人体之构造为己任。"
"医学的艺术在于使身体各部分适应自然，
而不是去征服自然。"

欧洲

他是布鲁塞尔音乐学院的优秀毕业生，
擅长黑管和长笛演奏；
他是一位锐意的乐器制造者，
将单簧管改造成为交响乐中的标准乐器，
1840 年，又将低音单簧管的吹嘴和奥菲克莱德号的管身
结合在一起并加以改进，
发明了一种新的乐器，并以他的名字萨克斯命名。
这种乐器低音深沉而平静，高音清澈而透明，
音色别有风味，给人如痴如醉的美的享受，
被誉为"无与伦比的浪漫乐器"。
它不但能出色地演奏古典音乐，
而且更善于演奏爵士音乐、轻音乐，
流行世界的名曲《回家》正是这一乐器的代表作。
柏辽兹赞赏说："这种乐器最具有人性的特点。"
此后阿道尔夫在法国开办了萨克斯生产厂，
成为世界著名的乐器商人。

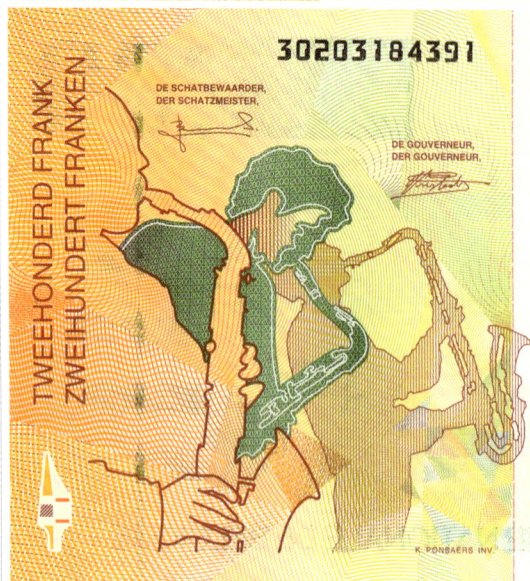

比利时／法郎／萨克斯

面　　额：200 法郎
发行年份：1995 年
规　　格：144mm×76mm
正面图案：阿道尔夫·萨克斯 Adolphe Sax
　　　　　（1814—1894），比利时乐器制造家
背面图案：萨克斯演奏者剪影和萨克斯家乡的圣母
　　　　　玛利亚教堂和山顶城堡

波兰 / 兹罗提 / 哥白尼

面　　额：1000 兹罗提

发行年份：1975 年

规　　格：138mm×63mm

正面人物：尼古拉·哥白尼 Nicolaus Copernicus
（1473—1543），文艺复兴时期波兰天文学家、
数学家、教会法博士

背面图案：《天体运行论》中的天体运行图

他不是职业的天文学家，
却是近代天文学的奠基人。
从大学时代起，他就开始了不懈的业余研究，
终于发现了托勒密对月球运行的解释存在错误，
把流传千年的地球中心说打开了一个缺口。
40 岁时，他写出《天体运行论》，公开提出日心说，
60 岁开始了一系列的新天文学演讲，
推翻亚里士多德和托勒密一千四百年的主张，
翻开了人类对宇宙认识的新篇章。
70 岁出版《天体运行论》，
他说："人的天职在勇于探索真理。"
"天体运行不会因为一些笨蛋的嘲笑或
挖苦而受到丝毫的影响。"
"最后，我们仍应把太阳置于宇宙的中心。"
对于取得的成就，他总是谦逊地说：
"我的知识得归功于他们，
归功于那些最先为这门学说开辟道路的人。"

他是波兰音乐史上最重要的人物，
世界史上最具影响力和最受欢迎的钢琴作曲家之一，
被誉为"第二个莫扎特"和"浪漫主义钢琴诗人"。
"生于华沙，灵魂属于波兰，才华属于世界"
是对他公允的评价，
他的音乐成就，让波兰人备感骄傲，
他的才华和风采，令巴黎的女士们为之倾倒。
他爱女人，但更爱他的国家：
"祖国，我永远忠于你，为你献身；
用我的琴声永远为你歌唱和战斗。"
"波兰，我的祖国，无论我在何方，
你永远在我的心里。"
"音乐是上天给人类最伟大的礼物，
只有音乐能够阐明安静和静穆。"
亡国使他不能回家，遗憾成为遗愿，
他说："我死后，请把我的心脏带回祖国，
我要长眠在祖国的地下。"

波兰 / 兹罗提 / 肖邦

面　　额：5000 兹罗提
发行年份：1982 年
规　　格：138mm×63mm
正面图案：弗里德里克·弗朗索瓦·肖邦 F.F.Chopin
　　　　　（1810—1849），波兰作曲家、钢琴家
背面图案：肖邦《波兰舞曲》手稿片段

波兰 / 兹罗提 / 居里夫人、诺贝尔

面　　额: 20 兹罗提

发行年份: 2011 年

规　　格: 138mm×69mm

正面图案: 居里夫人 Marie Curie（1867—1934），波兰裔法
　　　　　国物理学家、化学家

背面图案: 奖章上的阿尔弗雷德·贝恩哈德·诺贝尔 Alfred
　　　　　Bernhard Nobel（1833—1896），瑞典化学家、
　　　　　工程师、发明家，诺贝尔奖设立者

居里夫人是放射性研究的伟大先驱，
是世界上第一位两次获得诺贝尔奖的人。
波兰两次发行了以她为主题的纪念纸币，
这张是她获得诺贝尔化学奖 100 周年纪念币。
诺贝尔在第二次工业革命中发明了现代炸药，
各种炸药的发明与生产，使他获得巨大财富，
他用自己的遗产设立了诺贝尔奖。
面对世人无数的赞誉，他说：
"我看不出我应该得到任何褒奖，我对此也没有兴趣。"
"我的理想是为人类过上更幸福的生活而发挥自己的作用。"
"金钱这东西，只要能够一人的生活就行了，
若是多了，它会成为遏制人才能的祸害。"
"人生最大的快乐不在于占有什么，
而在于追求什么的过程中。"
他反对战争，说："我们有什么权利去践踏生命呢！
战争是人类的悲哀，让我们去歌颂和平吧！"

一部电影《走出非洲》，
让世界观众为之感动和震撼。
电影的主人公原型就是故事的作者——
纸币上这位敢于冒险、勇于表达、不屈从命运的女人。
她出生于丹麦伦斯特德一个贵族家庭，
闯荡非洲的生活和令人惆怅的爱情经历，
成为她最动人的情感经历和生活故事的来源，
写作也使她成为 20 世纪北欧最优秀的作家之一，
成为海明威讲话中"比我更值得获得诺贝尔奖的女士"。
她说：她是"经过遥远的旅程被派出的信者，
来告诉人们世界里还存在着希望"。
"当苍穹发语时，大地隆隆回响，
骑上我的马／张开我的弓／讲述我真实的故事。"
"我在非洲遇见了为自由奋不顾身的情人，
热爱动物胜于人，折桂而来，情迷而往……
哪里有已逝的热土，哪里有纯洁的朝露。
我总是两手空空，因为我触摸过所有。"

丹麦／克朗／布利克森

面　　额：50 克朗

发行年份：1997 年

规　　格：125mm×72mm

正面图案：卡伦·布利克森 Karen Blixen（1885—1962），
　　　　　丹麦著名女作家，20 世纪北欧最优秀的作家之一

背面图案：丹麦兰迪特教堂内的古代半人半兽石刻浮雕

丹麦／克朗／玻尔

面　　额：500 克朗

发行年份：1997 年

规　　格：155mm×72mm

正面图案：尼尔斯·亨利克·戴维·玻尔 Niels Henrik David Bohr（1885—1962），丹麦著名物理学家、皇家科学院院士

背面图案：丹麦 Lihme Church 教堂内的古代戴盔甲的武士与屠龙石刻浮雕

他是哥本哈根大学硕士、博士，
丹麦皇家科学院院士，量子论的奠基人。
量子理论开辟了人类认识新世界
——原子和基本粒子世界的新时代，
从而铺设了通向原子时代和可能掌握原子能的道路，
对 20 世纪物理学的发展具有深远的影响。
1922 年，37 岁的他获得诺贝尔物理学奖，
是与爱因斯坦并驾齐驱的物理学家。
1927 年 9 月，他首次提出了"互补原理"，
奠定了哥本哈根学派对量子力学解释的基础，
并开始了与爱因斯坦持续多年的关于量子力学意义解释的
"玻尔－爱因斯坦论战"。
爱因斯坦说："玻尔，上帝不掷骰子。"
他回驳道："爱因斯坦，不要告诉上帝怎么做。"
这场争论因对于物理学的重要性而被载入史册。
玻尔说："物理不告诉我们世界是什么，
而只能告诉我们关于世界我们能谈论什么。"

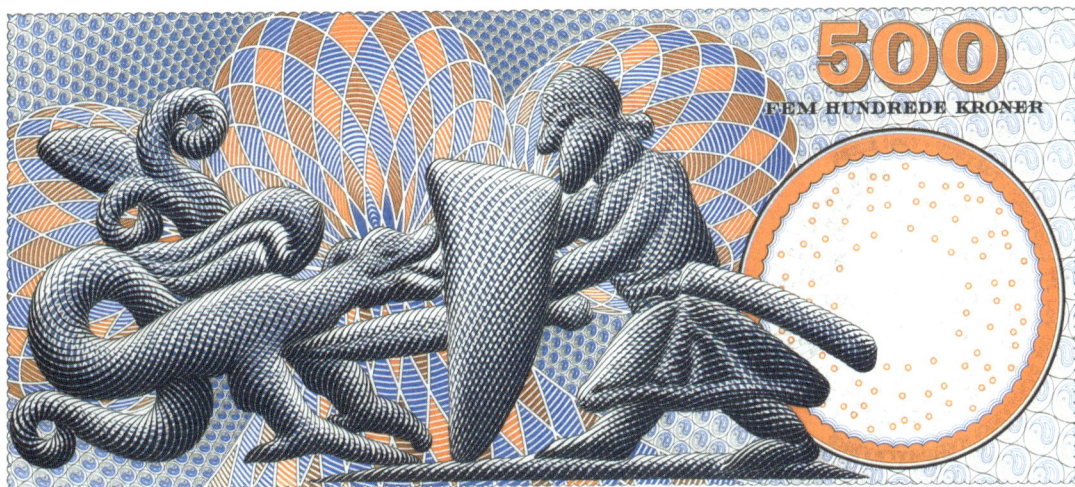

德国／马克／西门子

面　　额：20 马克
发行年份：1929 年
规　　格：160mm×80mm
正面图案：维尔纳·冯·西门子 Werner Von Siemens（1816—
　　　　　1892），世界著名的德国籍发明家、企业家
背面图案：天使雕塑

1847 年，他开创了以自己名字命名的公司，
先后发明了第一台实用型直流发电机、
第一辆有轨电车、第一台电梯……
在工业产品革命和技术开拓创新的路上，
他让人们的衣食住行有了全新的打开方式。
有人说他是天才设计师，有人说他是聪明军火商，
还有人说他是创新生活的推动者，
他被尊称为德国的"电子电器之父"。
他说："我一直怀有一种追求的渴望，即把自然科学所获
得的成果，变为生活中有用的东西。"
"我选择的研究总是以大众利益为前提，
但到了最后总是有利于我自己。"
"绝不为短期利益而牺牲未来。"

德国 / 马克 / 李比希

面　　额：100 马克

发行年份：1935 年

规　　格：180mm×90mm

正面图案：尤斯图斯·冯·李比希 Justus Von Liebig
　　　　　（1803—1873），男爵，大学教授，德国
　　　　　化学家

背面图案：德意志女神雕塑

他 17 岁入波恩大学学习，19 岁获博士学位，
是吉森大学、慕尼黑大学化学教授。
他创立了有机化学，被称为"有机化学之父"；
他发现了氮对于植物营养的重要性，
研究出的化肥使农业生产发生了巨大的飞跃，
因此也被称为"肥料工业之父"。
他一生发表了 318 篇化学和其他科学的论文，
在最早的 60 位诺贝尔化学奖获得者中，
有 42 位是他的学生或者是他学生的学生，
他被戏称为"诺贝尔化学奖的祖师爷"。
他说："智慧和幻想对于我们的知识是同样必要的，
它们在科学上也具有同等的地位。"

他是历史上最重要的天赋异禀的数学家之一，
享有"数学王子"及"微分几何的始祖"的美誉；
他还是物理学家、天文学家、大地测量学家，
曾任哥廷根大学教授和哥廷根天文台台长。
1801 年，他通过观测数据计算出了谷神星的运行轨迹，
他主持了浩大的汉诺威公国的大地测量工作，
他成功试制出大地测量的镜式六分仪，
与韦伯一同画出世界上第一张地球磁场图，
以他名字命名的成果为数学家之最。
他说："如果别人思考数学的真理像我一样深入持久，
他也会找到我的发现。"
"数学是科学的女王，而数论是数学的女王。"
"一个国家的科学水平能够用它消耗的数学来度量。"
他说："给我最大快乐的，
不是已懂的知识，而是不断的学习；
不是已有的东西，而是不断的获取；
不是已达到的高度，而是继续不断的攀登。"

德国 / 马克 / 高斯

面　　额：10 马克

发行年份：1989 年

规　　格：130mm×65mm

正面图案：约翰·卡尔·弗里德里希·高斯 Johann Carl
　　　　　Friedrich Gauss（1777—1855），德国数学家、
　　　　　物理学家和天文学家

背面图案：高斯发明的应用于大地测量的镜式六分仪，右下
　　　　　角是他设计并用于汉诺威大地测量的三角网

DA0920362L3

Deutsche Bundesbank
Frankfurt am Main
1. August 1991

德国 / 马克 / 许尔斯霍夫

面　　额：20 马克

发行年份：1991 年

规　　格：138mm×68mm

正面图案：安妮特·冯·德罗斯特－许尔斯霍夫 Annette
Von Droste-Hülshoff（1797—1848），诗人、
小说家，被誉为"德国最伟大的女诗人"

背面图案：许尔斯霍夫使用过的羽毛笔

她有着俊美的脸庞、冷静的眼神，一种端庄自信的贵族气质。

她是批判现实主义小说的先驱，

中篇小说《犹太人的山毛榉》是她的知名作。

她是德国最有天赋的抒情诗人，

她的纪念碑上镌刻着："德国女诗人之王"。

她终身未嫁，一生寂寞孤独，长期住在母亲的庄园，

伴随她的只有笔下美丽凄怆的诗歌。

她在《月光》诗中写道：

"我倚靠在阳台的围栏之旁，

等候着你，你这柔和的光。

……

你缓缓地升起了，虔诚的光；

你轻抚着高山的阴暗的额头，

……

你宛如我的迟暮的友人，

以青春之身结交我这个沦落人。

你让我那些行将死灭的回想，

笼罩着一层生命的柔和的回光……"

德国 / 马克 / 克拉拉·舒曼

面　　额：100 马克

发行年份：1989 年

规　　格：154mm×74mm

正面图案：克拉拉·舒曼 Clara Schumann（1819—1896），
德国著名钢琴家、音乐家；作曲家罗伯特·舒曼
之妻。背景为莱比锡历史建筑与里拉琴

背面图案：克拉拉·舒曼使用过的三角钢琴及音叉，背景为
位于美因河畔法兰克福的霍赫音乐学院一幢战前
建筑

欧洲

她 8 岁开独奏音乐会，被誉为"音乐神童"，
19 岁以天才少女钢琴家扬名于世。
她以演奏贝多芬、肖邦的作品而著称，
歌德是她的乐迷，奥地利皇家颁给她最高荣誉，
她更是勃拉姆斯心中永远的"女神"。
她与舒曼走过 16 年"诗与画的生活"，
舒曼借用吕克特的诗并谱成曲来表达对她的爱：
"你是我的心，我的全部，
你是我的喜乐，也是我的悲伤，
你是我的世界，让我悠游其中，
你是我的天空，让我自由翱翔，
你是我的安息之所，让我在那儿放下悲伤。
你是平和，你是安详，你是上天所赐予的，
由于你爱我，使我敬重自己。
你的目光，使我平静，你帮助我超越了自己，
成为更善良、美好的我！"

注：弗里德里希·吕克特（1788—1866），
德国浪漫主义文学同时期的诗人、翻译家

KA1189032S9

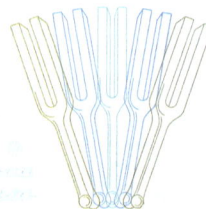

德国 / 马克 / 埃尔利希

面　　额：200 马克

发行年份：1989 年

规　　格：163mm×76mm

正面图案：保罗·埃尔利希 Paul Ehrlich （1854—1915），
德国医学、血液学和免疫学家。背景图是浮在建
筑组合上的苯砷化合物分子结构图

背面图案：埃尔利希使用过的显微镜，右下为医学实验标记、
简化细胞结构包围的埃斯克勒庇俄斯之杖

他是科学史上罕见的奇才，
人体细胞活体染色法的发明者。
他发明了结核菌的抗酸染色，
预测了自体免疫的存在，
在血液学、免疫学与化学治疗领域大有贡献，
荣获了 1908 年的诺贝尔生理学或医学奖，
并先后获得世界各学术团体授予的 81 个荣誉称号。
他晚年时专攻化学药物治疗传染病的研究，
发现了治疗梅毒的"魔法子弹"606 号试剂，
历史上第一个推出抗菌化学药物治疗方法，
被公认为是"近代化学疗法之父"。
人们称赞他："埃尔利希创建了一门科学，
他在这门学问里是国王，
全世界的无数师生都属于这个王国。"
面对大学校长职位和帝国勋位的诱惑，
他说："我们将我们的生命献给科学，
而不是用来追求头衔。"

德国／马克／梅里安

面　　额：500 马克
发行年份：1991 年
规　　格：170mm×80mm
正面图案：玛利亚·西比拉·梅里安 Maria Sibylla Merian
　　　　　（1647—1717），德国著名自然主义学者，昆虫
　　　　　专家和画家。背景的建筑是她居住过的由七座历
　　　　　史建筑组成的纽伦堡，以及一只她绘制的黄蜂
背面图案：梅里安所绘的毛毛虫与蒲公英

欧洲

她是一位杰出的科学家及独特的绘画艺术家，
撇开愚昧时代社会的束缚，走在了历史前面。
52 岁时，她只身前往南美洲进行科学探险，
发现许多新的昆虫物种，并将其绘录下来。
她绘制的《苏里南昆虫变态图谱》的出版打开了人们的视野，
对昆虫的蜕变，特别是对毛毛虫—蝴蝶的蜕变过程及
生命周期的研究，使她被看作是"与魔鬼共舞的人"。
她的绘画将昆虫的成长形态
与昆虫的植物宿主巧妙地描绘在一起，
将自然科学的严谨和自然艺术的美同冶于一炉。
这些画作被后世的昆虫学家及自然史绘画者推崇至极，
彼得大帝也成为她画作的收藏者。
她没有任何正式的学业文凭，
却为昆虫学的诞生奠定了基础。

德国 / 马克 / 格林兄弟

面　　额：1000 马克

发行年份：1991 年

规　　格：178mm×83mm

正面图案：弟弟威廉·卡尔·格林 Wilhelm Karl Grimm（1786—1859）；哥哥雅各布·路德维希·卡尔·格林 Jacob Ludwig Karl Grimm（1785—1863）。两兄弟是德国著名历史学家和语言学家。背景为卡塞尔历史建筑

背面图案：一本由格林兄弟编纂的《德语大词典》

两人是亲兄弟，一起读书长大，经历相似、兴趣相近，他们联手研究语言学，搜集和整理民间童话与传说，合作编写出版的《格林童话》，发行量仅次于《圣经》。他们供职于哥廷根大学任教授和首席图书管理员，他们潜心研究德国语言，共同编纂了《德语大词典》，还编写了《德语语法》和《德国语言史》，他们是德国历史上伟大的学者。

他们说："个体生命不同，但这世界善恶总量不变，每个人从出生就各自扮演各自的角色，有人是恶，有人是善！"

"谁承认了自己的罪过，谁就能得到宽恕。"

"对于人的精神来说，赞扬就像阳光一样，没有它我们便不能开花生长。"

"一个人的快乐，不是因为他拥有的多，而是因为他计较的少。"

民主德国 / 马克 / 恩格斯

面　　额: 50 马克

发行年份: 1971 年

规　　格: 136mm×59mm

正面图案: 弗里德里希·恩格斯 Friedrich Engels (1820—
　　　　　1895), 德国伟大的思想家、哲学家、革命家和
　　　　　教育家, 马克思主义创始人之一

背面图案: 生产中的大型石油冶炼厂

他出生于德意志莱茵省一个富足的家庭,
青少年时受到很好的教育, 尤喜欢柏林大学的哲学讲座。
1844 年 2 月, 他发表了《政治经济学批判大纲》,
同年会见了马克思, 二人开始了志同道合的终生合作。
他们合写了《神圣家族》和《德意志意识形态》,
1848 年 2 月中旬, 在《共产主义原理》基础上,
他们共同起草的《共产党宣言》在伦敦出版。
他持续资助马克思从事学术研究 20 年,
整理完成了马克思《资本论》遗稿的出版工作。
他著有《自然辩证法》《家庭、私有制、国家的起源》等。
他去世后, 遵照他的遗嘱, 骨灰撒在他生前最喜欢的大海中。
他说:"有所作为是生活的最高境界。"
"一个民族想要站在科学的最高峰,
就一刻也不能没有理论思维。"
"在合理的制度下,
当每个人都能根据自己的兴趣工作的时候,
劳动就能恢复它的本来面目, 成为一种享受。"

民主德国 / 马克 / 马克思

面　　额：100 马克
发行年份：1975 年
规　　格：145mm×63mm
正面图案：卡尔·马克思 Karl Marx（1818—1883）德国伟大
　　　　　的思想家、哲学家、经济学家和社会学家，马克思
　　　　　主义创始人之一
背面图案：东柏林电视塔和附近街景

他出生于德意志邦联普鲁士王国一个律师家庭，
他与燕妮是一对相伴终生的伟大恋人，
他与恩格斯是并肩战斗一生的战友和亲密的朋友。
他们共同撰写了《共产党宣言》，创立了科学共产主义理论。
他完成了《资本论》第一卷的写作，
创立了广为人知的历史唯物主义哲学思想。
他和恩格斯共同创立的马克思主义学说，
被认为是指引全世界劳动人民，为实现社会主义和共产主义
伟大理想而进行斗争的理论武器和行动指南。
他是一位具有伟大思想、坚定信仰、高尚品德的杰出人物，
他的墓碑上镌刻着他的名言：
"哲学家们只是用不同的方式解释世界，
然而关键是要去改变它。"
他说："社会的进步就是人类对美的追求的结晶。"
"人创造环境，同样环境也创造人。"
"道德的基础是人类精神的自律。"
"权利，就它的本性而言，只在于使用同一尺度。"

俄罗斯帝国 / 卢布 / 叶卡捷琳娜二世

面　　额：100 卢布

发行年份：1910 年

规　　格：262mm×125mm

正面图案：叶卡捷琳娜二世 Catherine Ⅱ（1729—1796），
　　　　　俄罗斯帝国史上的著名女皇

背面图案：纹饰与面额

她是一个来自普鲁士的贵族小姐，
错误的婚姻使她一直不被丈夫接受，
无奈从愚懦无能的沙皇丈夫手中夺取了皇权，
在爱情、情人将军的支持下走上帝国权力的顶峰，
成为俄罗斯帝国历史上唯一享有大帝称号的女人。
上位的她杀伐果断，主张开明专制，倡导法律平等，
经济上关注农业，发展推动俄国的工业化进程，
文化上推崇西欧文化，提倡学术研究，推广教育，
军事上她野心勃勃，数次发动对外战争开疆扩土，
终使俄罗斯帝国成为声名响亮的欧洲霸主、第一强国。

她是俄罗斯帝国历史上在位时间最长的沙皇，
在世界舞台的中心驰骋 34 年。
伏尔泰称她为欧洲上空"最耀眼的明星"，
后世尊称她"叶卡捷琳娜大帝"。
她说："治理俄罗斯这样幅员辽阔的国家，
只能用君主专制，舍此皆为下策。"
"这个世界让女人统治，绝对比男人有作为！"

她说："如果我们不同意减少残酷性
和改善人们不可忍受的生活状况，
那么，尽管我们反对，
他们自己迟早也会这么做的。"
"我时常需要迁就当前的现实，
但我并未放弃追求更为值得称赞的未来。"
1779 年，50 岁的她望着大大扩张的俄罗斯版图，
豪情万丈地说出史上最著名的那句话：
"假如我可以活到两百岁，
整个欧洲都将匍匐在我的脚下。"

我为自己建造一座奇妙的、永恒的纪念碑，
它比金属更硬，比金字塔更高；
不管旋风还是迅雷都不能把它摧毁，
就是岁月的飞逝也不能把它推倒。
就这样！——我不会整个死灭，
我的一大部分避免了腐朽，
在我死后仍然生存，
我的名声不会凋落，会不断增长，
只要全世界还把斯拉夫民族尊敬。

——（俄）杰尔查文《纪念碑》摘抄

德涅斯特河沿岸 500 卢布：
叶卡捷琳娜二世

500
500
500
500
500
500
500
500

ПРИДНЕСТРОВЬЕ
ПРИДНЕСТРОВСЬКИЙ РЕСПУБЛИКАНСЬКИЙ БАНК
ПРИДНЕСТРОВСЬКИЙ РЕСПУБЛИКАНСЬКИЙ БАНК
БАНКА РЕПУБЛИКАНЭ НИСТРЯНЭ

500
ПЯТЬСОТ
РУБЛЕЙ

Екатерина II
1729-1796 г.

2004

俄罗斯帝国 / 卢布 / 彼得大帝

面　　额：500 卢布

发行年份：1912 年

规　　格：275mm×127mm

正面图案：彼得大帝 Peter the Great（1672—1725），俄
　　　　　罗斯沙皇、"俄罗斯帝国之父"。右为象征俄
　　　　　罗斯"祖国母亲"的女性形象

背面图案：上方文字为国家信用券，左花环中为国徽图案，
　　　　　右为末代沙皇尼古拉二世的纹章

他是俄罗斯历史上一位重要的君主，
他积极推进改革，使俄罗斯走上强国之路。
他先于时代 200 年认识俄罗斯的落后，
倡导西方化，推动教育、军事和行政改革，
派遣使团并亲自参与其中前往西欧学习先进技术。
他还扩张领土，将俄罗斯的疆域扩展到波罗的海和黑海地区，
使俄罗斯成为欧亚大陆的重要势力，
从一个相对弱小的国家，崛起为欧洲强国之一。
他以个人威望、武力和文化造就了一个时代，
近代俄罗斯的发展史无不源于他的时代。

欧洲

ВИ 183704

"俄国需要的是水域"是他的坚定理念。
他说："没有一支强大的海军，
就没有强大的俄罗斯。"
"凡是只有陆军的统治者只能算有一只手，
而同时还有海军的统治者才算是双手俱全。"
对于个人的需求，他说：
"我个人的收入只有我在陆军和
海军中工作按官位领的那份薪水，
做衣服、用度开销、送礼，都靠这些钱。"

他说："治国之道莫过于坚决维护各项国家法令，
制定法令而不去维护它，或者像洗牌时，
把各种花色的牌混合在一起那样玩弄它，
法令就会形同一纸空文。"
"我期盼人人恪尽职责。"
在接见留学归来的伊凡·伊凡诺维奇·涅特留耶夫时，
他说："你看，老弟，我虽是沙皇，
可是我手上也有老茧，
这些都是为了给你们做个榜样，纵然我快老了，
我还是想看见你们成为我的称职的助手，
成为祖国的公仆。"
1725 年，为抢救一名失足落水的士兵，
他不顾万乘之尊，毅然跳下水去，将那位士兵救起，
不幸患上伤风感冒，很快转为肺炎而辞世，殁年 53 岁。

那里，在寥廓的海波之旁他站着，
充满了伟大的思想，向远方凝视……
我爱你，彼得兴建的城，
我爱你严肃整齐的面容，
涅瓦河的水流多么庄严，
大理石铺在它的两岸；
我爱你铁栏杆的花纹，
你沉思的没有月光的夜晚，
那透明而又闪耀的幽暗。
——（俄）普希金《青铜骑士》摘抄

俄罗斯联邦 500 卢布：彼得大帝纪念碑及世界上最大的航海教练船"谢多夫"号

他是世界上第一个社会主义国家的缔造者，
第一个无产阶级执政党的创建者，
被全世界共产主义者普遍认同为
国际无产阶级革命的伟大导师和精神领袖。
他的话语常常渗透人生哲理，总能发人深省。
他说："判断一个人，不是根据他自己的表白或对自己的看法，
而是根据他的行动。"
"调动全体人民的活力是建立社会主义的基础。"
"相信人民的人，只有投入人民
生气勃勃的创造力泉源中去的人，
才能获得胜利并保持政权。"
"只有当全体居民都参加管理工作时，
才能彻底进行反官僚的斗争，
才能完全战胜官僚。"

俄罗斯联邦 / 卢布 / 列宁

面　　额：1000 卢布

发行年份：1992 年

规　　格：154mm×74mm

正面图案：列宁，原名弗拉基米尔·伊里奇·列宁 Vladimir
　　　　　Ilyich Lenin（1870—1924），苏维埃社会主义
　　　　　共和国联盟的缔造者

背面图案：莫斯科华西里大教堂与克里姆林宫

法国 / 法郎 / 笛卡儿

面　　额：100 法郎

发行年份：1944 年

规　　格：160mm×92mm

正面图案：勒奈·笛卡儿 René Descartes（1596—1650），
　　　　　法国著名哲学家、数学家、物理学家。左边是希
　　　　　腊神话司掌历史和英雄诗的缪斯女神克莉奥

背面图案：天使雕像和刻写着的拉丁文"和平"，左下文是
　　　　　对伪造货币者和使用者的警告语

他是"解析几何之父"，也被誉为"近代科学的始祖"。
他的著作有《几何学》《屈光学》《哲学原理》等，
他的哲学与数学思想对历史的影响深远。
他的墓碑上刻着："笛卡儿，欧洲文艺复兴以来
第一个为人类争取并保证理性权利的人。"
他说："我思故我在，它是如此坚定，
如此确定，怀疑假设都不能动摇它。
因此我认为，我能够毫不犹豫地把它作为我所寻求的哲学的
第一原理。"
"一个人为情感所支配，行为便没有
自主之权而受命运的宰割。"
他说："罪恶的行为经常比道德的行为在今天
给人们带来的好处要多得多。"

法国 / 法郎 / 黎塞留

面　　额：1000 法郎
发行年份：1955 年
规　　格：151mm×80mm
正面图案：阿尔芒－让・迪・普莱西・德・黎塞留 Armand-
　　　　　Jean du Plessis de Richelieu（1585—1642），
　　　　　法兰西王国 17 世纪初杰出的政治家、外交家，
　　　　　法国波旁王朝第一任黎塞留公爵。背景为主教宫
背面图案：位于卢瓦尔省的黎塞留镇

他是法国最出名的政治家、外交家及领袖之一，
对历史影响巨大，享有"法国专制制度奠基人"
"法国现代化之父""法国现代化海军奠基人"
"西方外交学之父"和"红衣主教"等盛名。
亨利・基辛格在《大外交》一书中说：
"少有政治家能像他一样对历史造成如此大的影响。
黎塞留是现代国家制度之父。"
他说："在国家事务上，强权即真理。"
"人可不朽，救赎可待来日；
国家不得永生，救赎唯有当下。"
临终之际，面对告知其死亡的时间，
他叹道："直言无隐好。"
当神职人员问他："是否宽恕敌人？"
他说："除了公敌之外，我没有敌人！"
"严惩那些以蔑视国家法令为荣的个人，
就是对公众做好事。"

法国 / 法郎 / 拿破仑

面　　额：100 法郎

发行年份：1962 年

规　　格：172mm×92mm

正面图案：拿破仑·波拿巴 Napoléon Bonaparte（1769—1821），法国 19 世纪伟大的军事家、政治家，法兰西第一帝国的缔造者。背景为巴黎凯旋门

背面图案：巴黎荣军院教堂，后改为拿破仑的陵墓

他是"法国人的皇帝"，世界上最伟大的男人之一，他创造了历史上庞大的拿破仑帝国体系的军政奇迹，颁布的《拿破仑法典》完善了世界法律体系。

他认为每个人都应该明白：

"人生是一种责任，

你必须独自承担所有的困难和痛苦。"

他说："天才是像陨石一样，

注定了要燃烧自己来照亮他的时代。"

"如果你让别人来决定你的人生，

你的内心永远不会感到踏实。"

"你有一天将遭遇的灾祸，

是你每一段疏懒时间积累的报应。"

"从伟大崇高到荒谬可笑，其间只相差一步。"

法国 / 法郎 / 莫里哀

面　　额：500 法郎

发行年份：1964 年

规　　格：182mm×97mm

正面图案：莫里哀 Molière（1622—1673），法国喜剧作家、
　　　　　戏剧活动家、演员，舞台上的莫里哀与乐池中的
　　　　　乐队

背面图案：观众席中的莫里哀与他的舞台剧，水印是他夫人
　　　　　的头像

他是法国古典主义喜剧的最高代表和创始人，
一生创作了《恨世者》《怪客人》等 30 个剧本，
并将生命的最后一刻留在了舞台上。
他说："死神时时刻刻在暗算人类，
当它袭击人的时候，是不预先提醒的。"
"遇见通情达理的人，我们当然感到趣味无穷；
遇见怪诞不经的人，我只当散心取乐。"
"一个人严守诺言要比守卫他的财产更重要。"
"世界上道德总是受大家的攻击的，并且嫉妒人的人有死
掉的时候，而嫉妒本身是永远不会消亡的。恶人也许会死去，
但恶意却永远不会绝迹。"
在法兰西学院他的石像底座上，镌刻着：
"他的荣誉什么也不缺少，
我们的光荣却缺少了他。"

法国 / 法郎 / 雨果

面　　额: 5 法郎

发行年份: 1965 年

规　　格: 140mm×75mm

正面图案: 维克多·雨果 Victor Hugo（1802—1885），
法国 19 世纪最伟大的作家。背景为巴黎先贤祠，
也是雨果安息的地方

背面图案: 巴黎孚日广场雨果故居

他是法国文学巨匠，开启了法国文学的一个时代，
《巴黎圣母院》和《悲惨世界》是他不朽的代表作。
萨特说："雨果是法国极少数的、
真正受到民众欢迎的作家之一，
可能是唯一的一位。"
罗曼·罗兰说："在文学界和艺术界的所有伟人中，
雨果是唯一活在法兰西人民心中的伟人。"
他为世界留下了宝贵的精神财富。
他的作品不仅给人带来艺术上的享受，
更能引导人们深入思考人生的意义和价值。
他说："在上帝创造的万物中，放出最大光明的是人心；
不幸的是制造最深黑暗的也是人心。
光明和黑暗交织着、厮杀着，
这就是我们为之眷恋而又万般无奈的人世间。"
"唯有人的心灵才是真实的。严格来说，
相貌不过是一种面具，真正的人在人的内部。"
"有了物质，那是生存；有了精神，那才叫生活。"

他是人类细菌学研究的始祖、"微生物学之父",
他研究发明的发酵和巴氏灭菌法至今仍在使用。
他第一个战胜了家禽霍乱,攻克了炭疽病,
是狂犬疫苗的重大发现者。
他的科学发现打开了通往现代医学之路,
被誉为"进入科学王国最完美无缺的人"。
他有一句非常著名的格言:
"机遇只偏爱那些有准备的头脑。"
他说:"立志、工作、成功,是人生的三大要素。
立志将为你打开事业的大门;
工作是入室的路径;这条路径的尽头,
有个成功在等待着庆贺你努力的结果。"
"'科学'是国家的最高人格化。"
"一个科学家应该想到的,
不是当时人们对他的辱骂或表扬,
而是未来若干世纪中人们将如何讲到他。"

法国 / 法郎 / 巴斯德

面　　额: 5 法郎

发行年份: 1969 年

规　　格: 140mm×75mm

正面图案: 路易斯·巴斯德 Louis Pasteur(1822—1895),
法国微生物学家、化学家

背面图案: 代表狂犬疫苗成功的小男孩战胜狂犬塑像,巴斯德
实验室的各种实验仪器

法国／法郎／伏尔泰

面　　额：10 法郎

发行年份：1973 年

规　　格：150mm×80mm

正面图案：伏尔泰 Voltaire（1694—1778），启蒙思想家、
　　　　　文学家、哲学家，法国思想文化最有代表性的人
　　　　　物之一。背景为卢浮宫旁的杜伊勒里宫

背面图案：伏尔泰与夏特莱夫人居住过的西雷城堡

他一生为思想和言论自由而战，
被誉为"法兰西思想之王"与"欧洲的良心"。
代表作《哲学通信》《路易十四时代》《老实人》等，
他的话总是透着法兰西的特点：批判、机智、揶揄。
他说："人类通常像狗，听到远处有狗吠，
自己也吠叫一番。"
"雪崩时，没有一片雪花觉得自己有责任。"
"使人疲惫的不是远方的高山，
而是鞋子里的一粒沙子。"
"一个人如果没有他那种年龄的神韵，
那他也就会有他那种年龄特定的种种不幸。"
"什么是宽容？宽容是人性的附属物。
我们满是弱点和错误，让我们为我们的愚蠢互相原谅吧。"
"只有善行才会为你带来声誉。"
临终，他以习惯式的戏谑叮嘱其身后之事：
"把棺材的一半埋在教堂里，一半埋在教堂外。"
这样，他便有了上天堂或逃地狱的两条路。

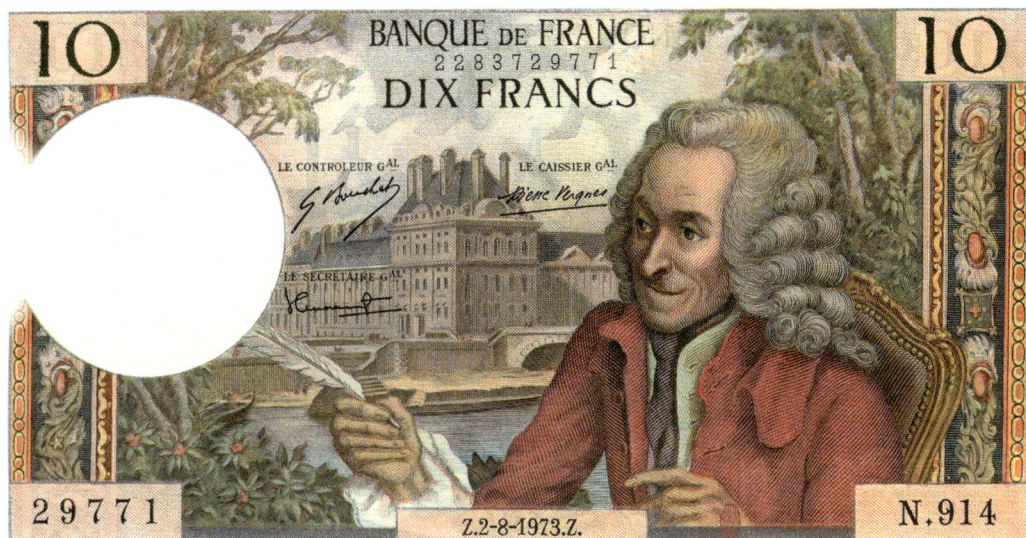

法国 / 法郎 / 德拉克洛瓦

面　　额：100 法郎

发行年份：1981 年

规　　格：160mm×85mm

正面图案：德拉克洛瓦 F.V.E.Delacroix （1798—1863），
　　　　　法国著名画家。背景为他的油画《自由引导人民》
　　　　　局部

背面图案：德拉克洛瓦位于巴黎菲尔斯滕贝格广场公寓的
　　　　　画室

他是法国人民的骄傲，
"七月革命"催生了他的《自由引导人民》，
这幅画成为法兰西民族精神的象征
和人民争取自由权利的颂歌。
那美丽大无畏的身影鼓舞着法国人，
"自由女神"永远和他们在一起，
"红白蓝三色旗"永远鲜艳不会褪色。
他说："色彩就是眼睛的音乐，
它们像音符一样组合着……无法达到的感觉。"
"无论哪一行，都需要职业的技能。
天才总应该伴随着那种导向一个目标的、
有头脑的、不间断的练习，没有这一点，
甚至连最幸运的才能，也会无影无踪地消失。"
"即使在黑暗中，也总会有些闪闪发光的东西。"
"我梦想着要把天堂和地狱拉近，要把神和人连接。"

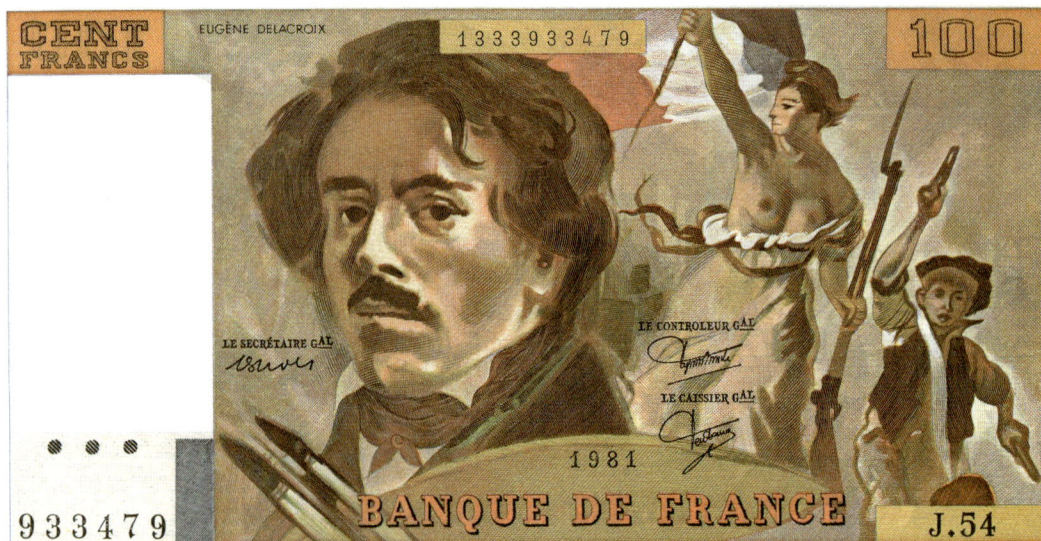

法国 / 法郎 / 孟德斯鸠

面　　额：200 法郎

发行年份：1992 年

规　　格：172mm×92mm

正面图案：孟德斯鸠 Montesquieu（1689—1755），欧洲 18 世
　　　　　纪著名启蒙思想家、律师。左侧为手握权杖的法律
　　　　　女神和刻有他著作《论法的精神》名字的盾牌

背面图案：左、右两个是他著作中相关的人物，背景为孟德
　　　　　斯鸠的出生地——拉布雷德城堡

他是西方国家学说和法学理论的奠基人，
著有经典著作《论法的精神》。
他给自由下了最精准的定义：
"自由不是无限制的自由，
而是能做法律许可的任何事的权利。"
他最了解人性的缺陷，
他说："衡量一个人的真正品格，
是看他在知道没有人会发觉的时候做什么。"
他最了解权力的危害，对权力具有深刻的洞察，
指出："一切有权力的人都容易滥用权力，
这是亘古不易的一条经验。
有权力的人往往使用权力一直到遇有界限的地方才会休止。
一切拥有权力的人都有滥用权力为自己谋求私利的倾向。"

他们是20世纪最伟大的科学家夫妇，
皮埃尔·居里在实验中得到"居里定律"，
居里夫人发现了镭，被称为"镭的母亲"。
他们放弃了申请镭专利可获得的大笔财富，
与贝克勒尔共同获得1903年诺贝尔物理学奖。
他们说："我们应该不虚度一生，
应该能够说：我已经做了我能做的事。"
"荣誉就像玩具，只能玩玩而已，
绝不能永远守住它，否则就一事无成。"
"在成名的道路上，流的不是汗水而是鲜血，
他们的名字不是用笔而是用生命写成的。"
"虚荣、浮华、卑鄙狭隘的毛病……是极普遍的，
人们常发现自己有这些毛病，也常发现别人有
这些毛病，所以人们虽然仰望比较完善的标准，
却从来不苛责这些缺点。"
"让我们高高举起知识的火炬，
去营造明天的美好殿堂。"

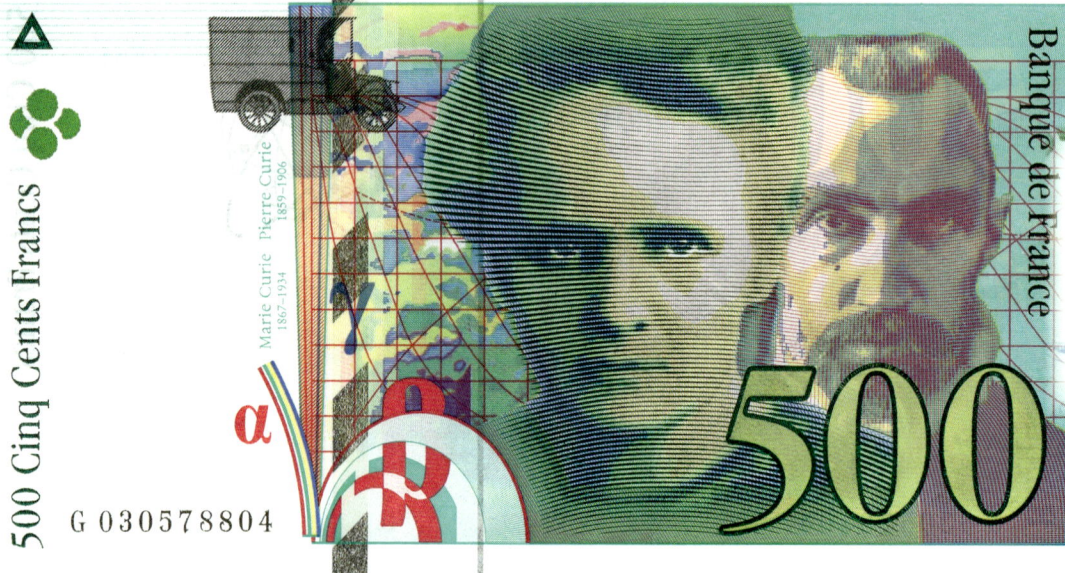

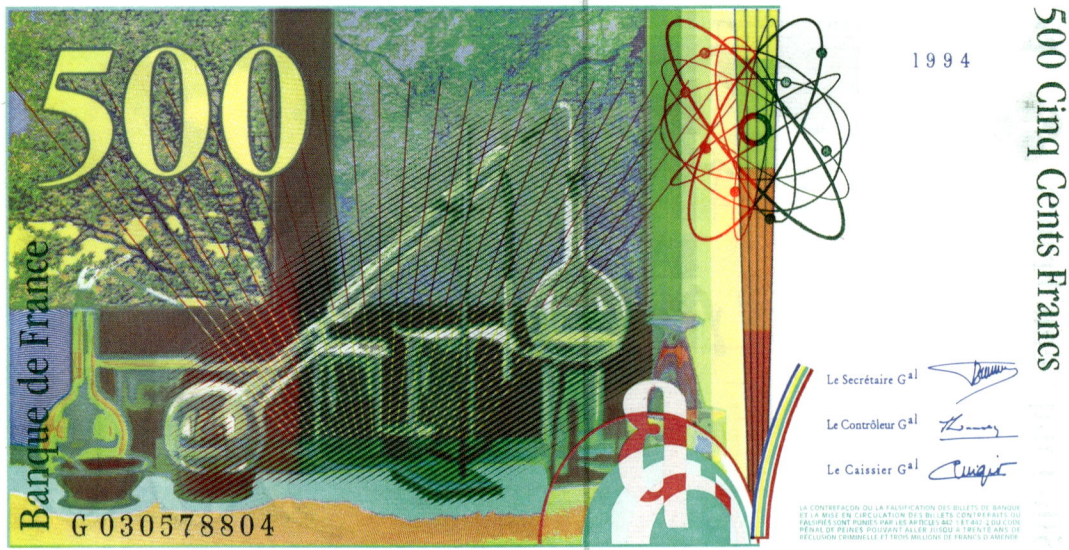

法国／法郎／居里夫妇

面　　额：500 法郎
发行年份：1994 年
规　　格：153mm×80mm
正面图案：玛丽·居里夫人 Marie Curie（1867—1934），与
　　　　　丈夫皮埃尔·居里 Pierre Curie（1859—1906），
　　　　　法国著名物理学家，20 世纪最伟大的科学家夫妇
背面图案：实验仪器及放射性射线示意图

法国 / 法郎 / 埃菲尔

面　　额：200 法郎

发行年份：1996 年

规　　格：144mm×80mm

正面图案：古斯塔夫·埃菲尔 Gustave Eiffel（1832—1923），
法国建筑大师。背景是他设计的加拉比高架桥轮
廓图及尼斯天文台主穹顶轮廓

背面图案：埃菲尔铁塔底部及不远处战神广场的世界博览会
展馆

他是法国著名建筑大师、结构工程师、金属结构专家，
因设计巴黎埃菲尔铁塔而闻名于世。
他设计建造的波尔多大桥开国际工程创举，
设计的布达佩斯火车站被称为世界"建筑艺术品"，
他用对逝去妻子的爱与大胆创新，
建造了法国人的"首都瞭望台"，
埃菲尔铁塔以他的名字命名，
成为当时席卷世界的工业革命的象征。
他还为纽约送去了自由女神像骨架等，
被称为"用钢铁创造奇迹的人"。
他说："在人生旅途中，永远不要停止探索，
埃菲尔铁塔也是如此。"
"我们的任务不仅是建造，更是创新，
让每一座建筑都有其独特的灵魂。"
"建筑不仅是实用性的，它也是艺术，
是美学和精神的体现。"
"建筑是世界的年鉴，每个砖石都刻着历史。"

法国 / 法郎 / 圣埃克絮佩里

面　　额：50 法郎

发行年份：1997 年

规　　格：124mm×80mm

正面图案：安东尼·德·圣埃克絮佩里 Antoine de Saint-Exupéry（1900—1944），风靡世界的法国作家，法国最早一代飞行员之一。背景为非洲大陆的航拍地图

背面图案：Breguet14（宝玑 14 型）双翼战斗机，指北针及正、背对印的小王子

他是一名优秀的法国飞行员，
1943 年参加了盟军在北非与德军的战斗，
1944 年在执行第八次飞行侦察任务时，
在地中海上空谜一样地失踪。
他是一位纯真、天才的作家，
除了飞行，他喜欢用写作探索灵魂深处的寂寞，
他留下的《小王子》感动了世界上亿读者。
小王子是永葆童真的天使化身，
是智慧和真理的源泉，是他理想的象征。
对于写作，他说："这是我的一个秘密，
一个人只有用心灵才能看清事物的本质，
真正重要的东西是肉眼无法看见的。"
"爱不存在于相对而视，
而是表现在共同朝一个方向看去。"
"正是你为你的玫瑰花费的时光，
才使你的玫瑰变得如此重要。"

芬兰 / 芬兰马克 / 西贝柳斯

面　　额：100 芬兰马克

发行年份：1986 年

规　　格：142mm×69mm

正面图案：让·西贝柳斯 J.Sibelius（1865—1957），
　　　　　芬兰音乐家，19 世纪民族主义音乐和浪漫主
　　　　　义音乐晚期重要代表

背面图案：象征《图奥涅拉的天鹅》的振翅飞翔的天鹅

这是一张庄严而又浪漫的国家名片，
一张携带着历史交响音乐与诗画的纸币，
展现了芬兰民族一种英勇无畏的精神气象。
黑色的河水阴森寒冷，
迎着远方的霞光，天鹅振翅在水波与林岸之上。
交响曲《图奥涅拉的天鹅》表达了音乐家
对死亡哲理性的思考和对生命的畅想。
交响诗《芬兰颂》成为他的代名词，
他用音乐表达的炙热爱国情怀，
让争取民族解放的芬兰人民热血澎湃，
他被誉为芬兰人的光荣和骄傲。
他对音乐有深刻的理解，认为音乐不仅是声音的艺术，
他说："音乐不仅仅是旋律和和声，
它更是情感和思想的表达。""音乐是一种语言，
它能够跨越文化和国界，传递情感和思想。"
"音乐是生活的灵魂，它应该表达出人类最深层的情感。"

荷兰 / 荷兰盾 / 埃玛

面　　额：20 荷兰盾

发行年份：1941 年

规　　格：154mm×81.5mm

正面图案：埃玛 Emma（1858—1934），荷兰国王威廉三世
　　　　　的妻子、欧洲著名女摄政王。背景为 17 世纪时
　　　　　期的海上霸主——荷兰 Man-O-War 号战舰及其
　　　　　舰队

背面图案：阿姆斯特丹圣·尼古拉斯教堂

一张记载荷兰历史上海上霸主雄风的纸币，
一张展示荷兰女摄政王巾帼英雄风貌的荷兰盾。
她出身于德国的一个小公国皇室贵族家庭，
20 岁时嫁给了比自己大 41 岁的荷兰国王，
成为威廉三世的第二任妻子。
时逢国王第一任妻子生的三个儿子先后夭折，
她 4 岁的独生女儿被立为王储。
国王去世，10 岁的女儿被推上了王位，
她以太后身份临朝为其摄政 8 年，
带出外柔内刚、心如圣母的威廉明娜。
女王 18 岁时，她按时交班，
开启了荷兰 123 年三代女王的非凡时代。
对荷兰社会和政治产生了深远的影响。
她说："我们应该珍视和平，
因为它是我们一切美好事物的基础。"
她还有一句名言："教育是我们国家的重要资源，
也是我们国家繁荣的基石。"

荷兰 / 荷兰盾 / 格劳秀斯

面　　额：10 荷兰盾

发行年份：1953 年

规　　格：146mm×81mm

正面图案：胡果·格劳秀斯 Hugo Grotius（1583—1645），
荷兰思想家、17 世纪著名国际法学家

背面图案：象征法律公正的天平与主张世界航行自由与贸易
自由的船舶

他是近代西方资产阶级思想先驱，国际法学创始人，
著有《战争与和平法》《海洋自由论》等法学专著，
第一次真正意义上阐述了国际法的概念，
被世人誉为"国际法始祖"与"自然法之父"。
他自小就有"荷兰神童"的称号，
曾被法国国王亨利四世赞为"荷兰的奇迹"。
他 16 岁获法学博士学位，在海牙担任大律师，
曾任司法官和外交官并长期从事写作。
他是深知法律之本的政治家，
他说："遵守法律，是谓正义；
正直者的良心赞成正义，谴责非正义。"
"国家是一群自由的人为享受权利和谋求他们
共同的利益而结合起来的一个完美的联合体。"
"如果有很多双眼睛在敏锐地监视的话，
大家就会为维护和平而遵守法律。"
"人生的价值是由自己决定的。"
"信仰和知识是引导人走向光明的唯一灯塔。"

荷兰 / 荷兰盾 / 惠更斯

面　　额：25 荷兰盾

发行年份：1955 年

规　　格：155mm×85mm

正面图案：克里斯蒂安·惠更斯 Christiaan Huygens（1629—
　　　　　1695），荷兰物理学家、天文学家、数学家。背景
　　　　　是巨大的太阳，太空中的土星、土星的卫星——土卫
　　　　　六，火星极冠

背面图案：数学曲线与包络面

他是近代自然科学的一位重要开拓者和天才，
用自己磨制的镜片制造天文望远镜，
发现了土星的卫星并辨识出了土星光环；
他发明了机械钟（钟摆），改进了计时器，
在力学、光学和数学等方面均有巨大的贡献，
他还是概率论的创始人之一，他享年 66 岁，
留有科学著作 68 种、《惠更斯全集》22 卷。
他说："我的成就，当归功于精微的思索。"
"思考比知识更重要。"
"人类对知识的渴望应该像对美的追求一样无止境。"
他的目光看向宇宙，"与这些宏伟的天体相比，
地球只是个小小的舞台，人类所有伟大的工程、
史诗般的航海和战争都微不足道"。
"你该将名誉作为你最高人格的标志。"

荷兰 / 荷兰盾 / 伦勃朗

面　　额：1000 荷兰盾

发行年份：1956 年

规　　格：169mm×97mm

正面图案：伦勃朗 Rembrandt（1606—1669），荷兰画家，欧
　　　　　洲 17 世纪最伟大的画家之一

背面图案：拿画笔的手和伦勃朗的三幅油画局部

他是荷兰历史上最伟大的画家，
受个人生活的不幸和折磨，
他能更深刻地去观察和理解社会。
他在绘画上的"叛逆"和坚持，
让生活从富足变成了贫困，直至终老。
他从不为流行所扰，坚持自己一贯的风格，
绘画，在他看来如同生命般重要，直到死亡。
他说："绘画是我的生命。"
"我想成为夜，可我却是光啊！"
"科学家不创造任何东西，而是揭示
自然界中现成的隐藏着的真实，
艺术家创造真实的类似物。"

荷兰 / 荷兰盾 / 斯宾诺莎

面　　额：1000 荷兰盾
发行年份：1972 年
规　　格：160mm×76mm
正面图案：巴鲁赫·斯宾诺莎 Baruch Spinoza（1632—
　　　　　1677），犹太裔荷兰哲学家，西方近代哲学史上
　　　　　重要的欧陆理性主义者
背面图案：几何图案

他是近代西方哲学的三大理性主义者之一，
他的主要著作有《笛卡儿哲学原理》《伦理学》等，
为启蒙运动的拓展奠定了思想理论基础。
黑格尔说："要达到斯宾诺莎的哲学成就是不容易的，
要达到斯宾诺莎的人格是不可能的。"
他说："在一个自由的国家，每人都可以自由思想，
自由发表意见。""人并不是生来就是公民，
但是必须使之适应成为公民。"
"自由人最少想到死，他的智慧不是关于死的默念，
而是对于生的沉思。"
"人类最无力控制的莫过于他们的舌头，
而最不能够做到的，莫过于节制他们的欲望。"
"诚实的人从来讨厌虚伪的人，
而虚伪的人却常常以诚实的面目出现。"
"正如光既暴露了自身，又暴露了周围的黑暗一样，
真理既是自身的标准，又是虚假的标准。"

挪威 / 克朗 / 易卜生

面　　额：1000 克朗

发行年份：1986 年

规　　格：169mm×90mm

正面图案：亨利克·易卜生 Henrik Ibsen（1828—
1906），挪威戏剧家、诗人。中间为挪威盾
形国徽上的皇冠与狮子

背面图案：油画《瓦尔德灯塔》

他是欧洲近代现实主义戏剧的创始人，
被称为欧洲"现代戏剧之父"。
除莎士比亚外，他的戏剧是世界上被上演最多的，
《玩偶之家》以不可撼动的经典地位享誉世界，
娜拉的形象也纵贯中国话剧百年历史舞台之上。
他为世界文库留下了绚丽多彩的 25 部戏剧，
他说："写作，即是坐下来判断自己，
艺术家用生命铸造生命，用灵魂锻造灵魂。
当他完成一件作品后，便把一部分生命留在原作里，
成为可以感知的活体。""艺术不是生活的简单再现，
而是对生活的一种思考和反思。"
"艺术应该是一种力量，它应该帮助人们改变自己的生活。"
"好人永远不会快乐，他们带着过度的同情、太多的痛苦。"
"倘若用天平来衡量人生的价值，
贡献应是天平上最重的砝码。"

葡萄牙 / 埃斯库多 / 唐·恩里克

面　　额：10000 埃斯库多

发行年份：1997 年

规　　格：153mm×75mm

正面图案：唐·恩里克 Dom Henrique（1394—1460），
　　　　　葡萄牙王子，航海家、航海探险的主导者

背面图案：卡拉维尔三桅帆船，背景文字为亨利王子的座
　　　　　右铭：一生为他人

欧洲

他是葡萄牙王子，也称"亨利王子"，
他带领葡萄牙率先开启了 15 世纪的航海探索事业，
勇敢地挑战当时人类航海探险的极限，
从此改变了世界地理和人类的历史进程，
成为地理大发现、大航海时代的象征和主导者。
1416 年，他用个人资产建立了最早的航海学院，
用 20 多年时间招揽培训水手，研制新的航海设备，
建造了新型的卡拉维尔远洋帆船。
1444 年前后，他曾派出 40 艘船进行私人探险，
寻找和扩大西非黄金贸易路线并获得巨大收益，
为葡萄牙此后成功进入亚洲贸易奠定了基础。
从他的时代起，每一个后继的航海探险者，
都是沿着他指出的方向和足迹前进的，
他的名字同葡萄牙的大航海历史紧紧地联系在一起。

葡萄牙 / 埃斯库多 / 迪亚士

面　　额：2000 埃斯库多

发行年份：1997 年

规　　格：140mm×68mm

正面图案：巴尔托洛梅乌·迪亚士 Bartholmeu Dias（约 1450—1500），葡萄牙航海家、探险家

背面图案：将要倾覆的帆船及罗盘、地图

他出生于葡萄牙一个王族世家，
青年时代便喜欢海上的探险活动，
是欧洲最早到达非洲大陆最南端的开拓者。
他发现了著名的好望角，
成为地理大发现的重要贡献者之一。
1488 年 2 月，他把深入海洋的地角命名为
"风暴之角"，并在最南端的崖石上刻下了
葡萄牙国王若奥二世的名字。
这个发现后来被葡萄牙国王改名为"好望角"，
为开辟通往印度的航线奠定了重要的基础。
1500 年 5 月，一些喜欢研究星象的船员
发现一颗彗星划过天际飞向好望角，
此时他指挥的探险船队正巧经过附近，
一场大风暴将他率领的 4 艘船摧毁，
他从此永远地留在了探索新世界的海路上。

葡萄牙 / 埃斯库多 / 卡布拉尔

面　　额：1000 埃斯库多

发行年份：2000 年

规　　格：132mm×68mm

正面图案：佩德罗·阿尔瓦雷斯·卡布拉尔 Pedro
　　　　　Álvares Cabral（约 1468—1520），葡萄牙
　　　　　航海家、探险家

背面图案：卡瑞克远洋帆船和巴西雨林

他是葡萄牙赴印度远征队的司令，
1500 年 3 月率领一支由 13 艘船组成的舰队出航，
目的不再是探险而是征服印度，垄断香料贸易。
不料强烈的风暴使他偏离了预定的航道，
却意外地发现了南美的巴西。
他在巴西海岸竖起刻有葡萄牙王室徽章的十字架，
宣布该地为葡萄牙国王所有，
从此开辟了连接欧洲和南美洲的新航线，
被认为是最早到达巴西的欧洲人。
随后他的船队又发现了马达加斯加岛，
1500 年 9 月，他到达印度南部等地并设置商站，
建立了正式的欧亚海上贸易关系。

葡萄牙 / 埃斯库多 / 达·伽马

面　　额：5000 埃斯库多

发行年份：1998 年

规　　格：147mm×75mm

正面图案：瓦斯科·达·伽马 Vasco da Gama（约1469—
　　　　　1524），葡萄牙航海家、探险家

背面图案：油画《达·伽马抵达印度加尔各答》局部与远
　　　　　洋帆船

他可以称为16世纪初葡萄牙海盗的王者、
靠枪炮起家的世界海上贸易的先行人，
也是第一个到达印度的欧洲殖民者。
1497年，他率领一支庞大的船队，
在大洋中寻找要比迪亚士的发现更为便捷的"香料之路"，
完成了从欧洲绕过好望角通往东方的地理大发现，
开辟了自西欧直达印度的海上航道。
他曾三次到达印度，被赐称"印度洋上的海军上将"，
后被葡萄牙国王任命为印度总督。
他征服了印度，也死在了印度，
葡萄牙著名史诗《卢济塔尼亚人之歌》，
歌颂了他以及大航海时代的葡萄牙航海先驱们。
"人只有对自己拥有的东西感到不满，
才会心甘情愿地去努力获取。"
"然而人生如梦，人们必须珍惜这转瞬即逝的时间。"

她是瑞典著名畅销书作家，
代表作品是童话巨著《尼尔斯骑鹅旅行记》，
通过一个顽皮孩子变成小精灵骑在大鹅背上游历全国的故事，
描绘了瑞典人民从古到今的生活情景和自然风光，
讲述了瑞典教科书般的地理学、
生物学和民俗学等知识，深爱小学生和广大读者喜爱，
使她成为蜚声世界的文学家。
"由于她作品中特有的高贵的理想主义、
丰饶的想象力、平易而优美的风格"，
她被授予 1909 年诺贝尔文学奖，
1914 年当选为瑞典皇家科学院的第一位女院士。
她还著有《古斯泰·贝林的故事》等一批著名作品，
她说："写出一部作品不难，难的是细致地、
认真地、做足准备地完成一部作品。"

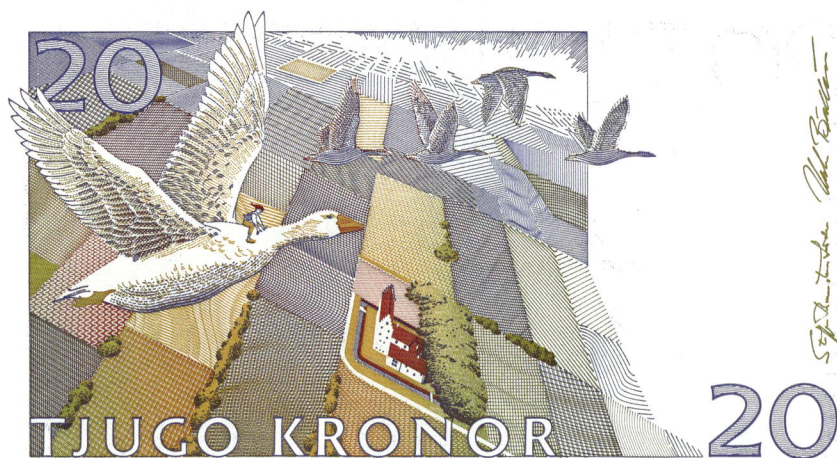

瑞典／克朗／拉格洛夫

面　　额：20 克朗

发行年份：1997 年

规　　格：121mm×67mm

正面图案：塞尔玛·拉格洛夫 S.Lagerlöf（1858—1940），
　　　　　瑞典女作家

背面图案：童话《尼尔斯骑鹅旅行记》场景

瑞士 / 瑞郎 / 圣马丁

面　　额：100 瑞郎
发行年份：1957 年
规　　格：193mm×105mm
正面图案：喂羊的孩童
背面图案：圣马丁 St. Martin（316—397），罗马皇家
　　　　　骑兵团军官、基督教徒《圣马丁割袍》图

他是公元 4 世纪著名的基督教圣人，
传说他在高卢服役时，一个寒冷的冬天，
遇到一个穷得没有衣服穿的乞丐，
于是拔剑将披肩割成两半，一半给了对方。
这一夜，耶稣基督显现在他的梦中，身上披着那半边披肩。
耶稣说："马丁，你很慷慨，你虽然只是望教者，
你为那个穷人所做的，也是为我所做的了。"
此后，基督的愿景促使他成为传教士，
并拥有治病甚至起死回生的能力。
马丁后来成为法国的主保圣人、图尔的主教，
他去世的 11 月 11 日，成为欧洲每年的"圣马丁节"。

他是 18 世纪数学领域最杰出的人物之一，
近代数学的先驱者，被称为"所有人的老师"。
他是数学史上著述最多的人，
在数学等方面的著作有 70 余卷，
享有"数学界之栋梁"的美誉。
他发明的欧拉公式曾被称为"上帝公式"，
在数学领域以他的名字命名的公式就有几十个，
数学里的每一项内容几乎都会有他的影响。
他开启了波浪动力学、声波共振数学、
应用流体力学、航空动力学、计量经济学等。
拉普拉斯说："没有欧拉的众多科学发现，
我们将过着完全不一样的生活。"
他说："数学是真理的女王。"
"生活中最美好的事情之一是真正理解一项数学原理。"
"数学家解决的每一个问题都会带来新的知识和发现。"

瑞士 / 瑞郎 / 欧拉

面　　额：10 瑞郎
发行年份：1979 年
规　　格：137mm×66mm
正面图案：莱昂哈德·欧拉（Leonhard Euler 1707—1783），
　　　　　瑞士 18 世纪数学家、物理学家、天文学家
背面图案：水轮机、太阳系天体运行示意图

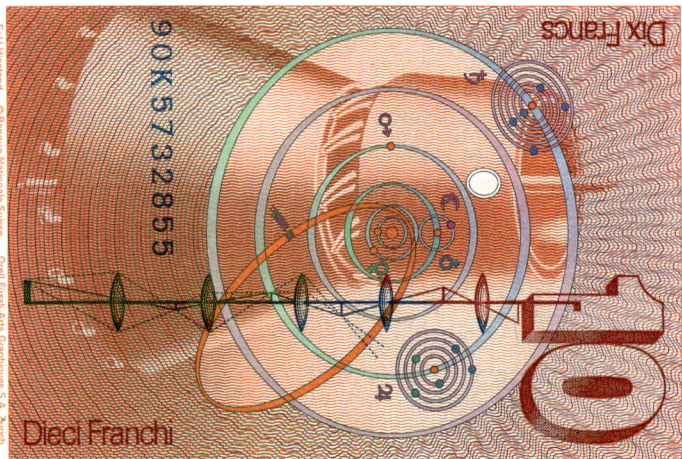

瑞士／瑞郎／格斯纳

面　　额：50 瑞郎

发行年份：1983 年

规　　格：159mm×74mm

正面图案：康拉德·格斯纳 Conrad Gesner（1516—
　　　　　1565），瑞士博物学家、文学家和医学家

背面图案：《动物史》插图，猫头鹰、报春花

他是西方近代书目的创始人之一，
开拓建立了与秩序有关的定律或规则，
他编写的《世界书目》里面列出了当时所有已知的各学
科著作约 1.2 万种、3 万多个条目，
包括著者字顺目录、分类目录和主题字顺索引，
成为西方第一部检索系统较为完备、
著录详尽的综合性大型书目。
《动物史》是他最有影响力的一部著作，
对当时已知的几乎所有动物都有详尽描述，
他与合作者还为这本书绘制了大量细致的插图，
被认为是划时代的现代动物学研究的起源之作。
他一生共出版了 72 部著作，
《植物史》在他去世后近 200 年出版。
他说："唯有亲身考察，才能得到真实的知识。"
"对自然现象的观察是科学的基础。"．
"自然界不是杂乱无章的，而是遵循规律组织起来的。"

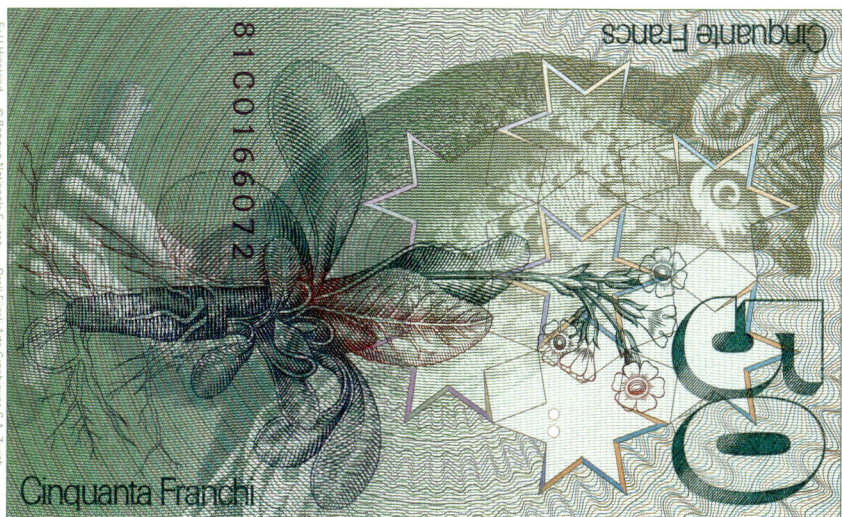

他是18世纪瑞士杰出的生理科学家，
被称为"近代生理学之父"。
他用10年时间撰写的8卷本《人体生理学原理》，
阐述了很多重要的人体科学发现，
被认为是医学史上具有里程碑意义的著作。
他首开人体神经系统和肌肉的研究，
为神经病学的发展奠定了基础。
他第一个认识了呼吸机制和心脏的自主功能，
发现了胆汁在消化系统中的作用，
对胚胎发育作了独特性的描述，
对脑及血管系统进行解剖并研究。
除了生理学上的贡献，
他还是一位优秀的诗人而名传后世。
他说："医学的目的不仅是治愈疾病，
更是保护和提升人类的健康和幸福。"

欧洲

瑞士 / 瑞郎 / 哈勒尔

面　　额：500 瑞郎

发行年份：1977 年

规　　格：182mm×82mm

正面图案：阿尔布雷希特·冯·哈勒尔 Albrecht Von Haller
　　　　　（1708—1777），瑞士著名解剖学家、医生、植
　　　　　物学家和诗人

背面图案：人体肌肉组织、呼吸和血液循环图，一整棵紫色
　　　　　兰花

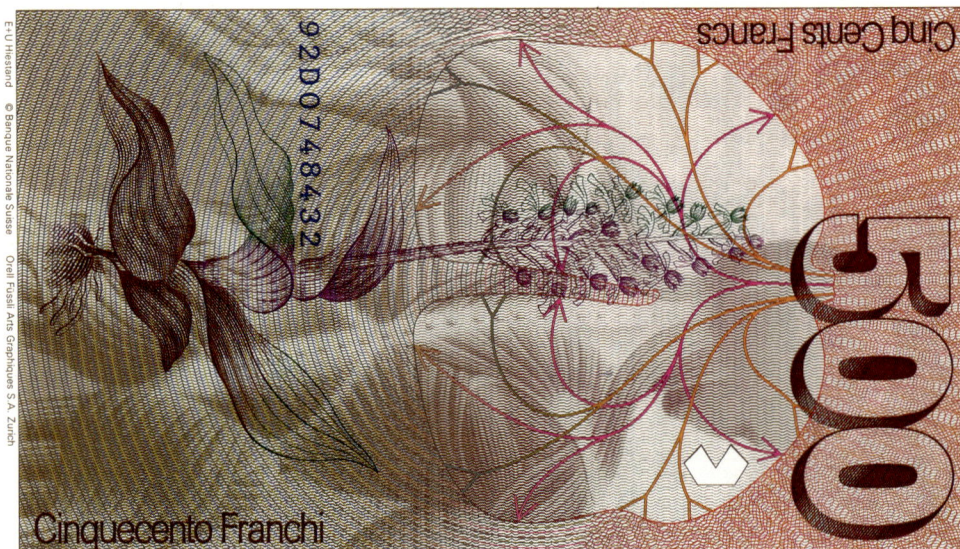

瑞士／瑞郎／福勒尔

面　　额：1000 瑞郎
发行年份：1976 年
规　　格：192mm×86mm
正面图案：奥古斯特－亨利·福勒尔 Auguste-Henri Forel
　　　　　（1848—1931），瑞士医学家、精神病学家和
　　　　　昆虫学家。左侧为大脑及神经解剖图
背面图案：三只蚂蚁及蚁巢截面图

他做过苏黎世一家精神病院院长，
对人体大脑解剖学的研究成果显著，
对大脑各神经部位，特别是下丘脑作了精确的阐述，
为纪念他，这个部位被命名为"福勒尔区"。
他还是欧洲知名学者和性教育学家，
特别重视科学的性知识的传播，
指出大量的性反常活动及变态行为，
都源于性的压抑与无知。
他醉心于达尔文的进化论和昆虫学的研究，
特别是对蚂蚁社会行为的研究，
写过一部很有价值的昆虫学著作《蚂蚁的社会世界》，
是第一部论述昆虫感觉著作的作者。
他在原版第一卷的封面上放上了一句话："劳动战无不胜。"
对于人们的日常起居，
他说："健康的生活需要良好的生活习惯，
而良好的生活习惯需要良好的心态。"

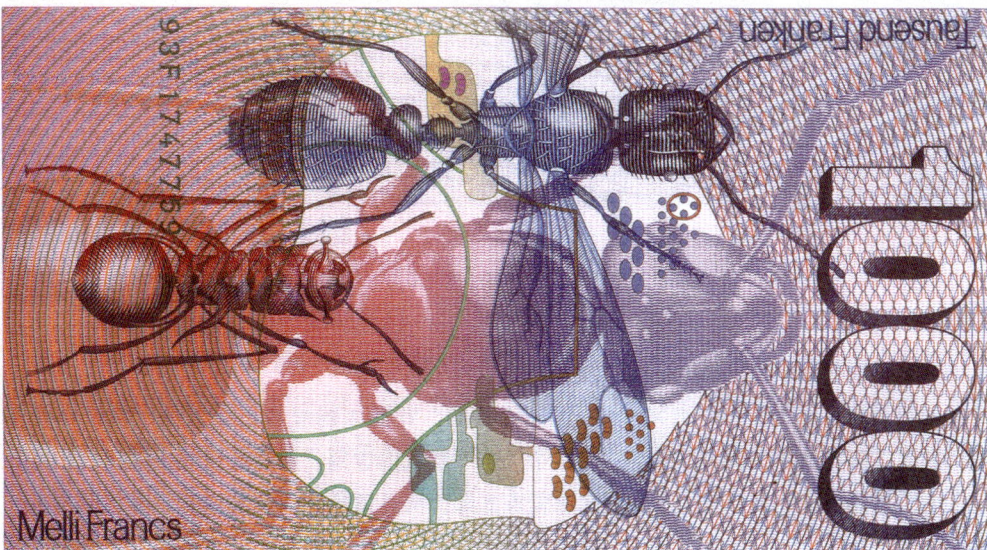

塞尔维亚 / 第纳尔 / 特斯拉

面　　额：100 第纳尔
发行年份：2003 年
规　　格：143mm×68mm
正面图案：尼古拉·特斯拉 Nikola Tesla（1856—1943），
　　　　　塞尔维亚裔美籍发明家、物理学家、机械和电气
　　　　　工程师
背面图案：特斯拉与他发明的电磁感应机和白鸽

他被称为"世界上最接近神的男人"，
一位 19 至 20 世纪的天才科学家。
他出生于塞尔维亚，青年时被推荐到美国著名发明家、
企业家爱迪生手下工作，
由于与爱迪生的认知产生分歧，两人分手。
1887 年，他成立了自己的电气公司，
成功设计出交流发电机、感应电动机，
在变压器和电传输线路等方面取得突破，
并很快获得 22 项交流电专利。
经过与爱迪生"电流之战"的激烈竞争，
他的交流电照明和现代交流电系统获得空前成功，
推动了世界电气化的进程，
被认为是"把世界带入电气化时代的人"。
他为美国尼亚加拉发电站制造了交流发电机组，
并使用他设计的变压器和高压电远程输电技术，
成为人类近百年科技史上的一大奇迹。

1893年，他成功进行了短波无线通信试验，
他最早发明出无线控制技术，
今天的无线遥控器、无线网络 Wi-Fi 等都与他有关，
手机无线充电更是得益于他的开拓性研究。
他关于电磁学的理论和众多发明，
被公认是现代无线通信系统的奠基。
磁感应强度的国际单位制就是以他的名字命名的。
他还研究过飞碟飞行原理，一生获专利发明 700 多项，
据说他一生曾十一次拒绝过诺贝尔奖。
他被称为"疯狂的科学家"，
把终生都献给了科学研究，而从未结婚。
他是南斯拉夫引以为豪的人，在上世纪90年代曾发行过
多张以他为主题的不同面额的纸币。

他说："我只不过是一个被赋予了运动、
情感和思想的'宇宙力机器'。"
"电给我疲乏衰弱的身躯注入了最宝贵的东西——
生命的活力、精神的活力。"
他说过最狂放的一句话是："只要我愿意，
能把地球劈成两半。"
他说："人类最重要的进步，依赖于科技发明，
而发明创新的终极目的，是完成对物质世界的掌控，
驾驭自然的力量，使之符合人类的需求。"
"当一种自然的爱好发展成一种强烈的愿望时，
一个人就会以惊人的速度朝着他的目标大步迈进。"

南斯拉夫 5000000 第纳尔：特斯拉和他实验的人造球形闪电

НАРОДНА БАНКА ЈУГОСЛАВИЈЕ
NARODNA BANKA JUGOSLAVIJE
5000000
ДИНАРА - DINARA
Nikola Tesla 1856-1943
5000000
ФАЛСИФИКОВАЊЕ СЕ КАЖЊАВА ПО ЗАКОНУ
AG 3048123
D. ANDRIC FEC
D. ANDRIC SC

5000000
AVA PO ZAKONU
ЈУГОСЛАВИЈА
JUGOSLAVIJA
5000000
ПЕТ МИЛИОНА ДИНАРА
PET MILIONA DINARA
ГУВЕРНЕР · GUVERNER
БЕОГРАД 1993. BEOGRAD
NARODNA BANKA JUGOSLAVIJE-ZAVOD ZA IZRADU NOVČANICA

西班牙 / 比塞塔 / 塞万提斯

面　　额：100 比塞塔

发行年份：1928 年

规　　格：141mm×99mm

正面图案：米格尔·德·塞万提斯 Miguel de Cervantes
（1547—1616），西班牙伟大的小说家、
戏剧家和诗人

背面图案：小说《堂吉诃德》场景

《堂吉诃德》是欧洲文学史上第一部现代小说，
以作者的名字命名的"塞万提斯奖"
是西班牙语世界的文学最高荣誉。
他说："为了实现不可能的事，必须尝试荒谬的事。"
"当生活本身已经如此荒唐，谁知道什么才能
算作疯狂？也许过于实际就是一种疯狂。
放弃梦想也许是一种疯狂。太过清醒可能就是疯狂，
而最疯狂的，莫过于接受现实，
而不去想它究竟应该是什么样子！"
他指出："由于罪恶如同自生自长的作物，
因此坏事是很容易学会的。"

欧洲

西班牙 / 比塞塔 / 斐迪南与伊莎贝拉

面　　额：1000 比塞塔

发行年份：1957 年

规　　格：157mm×102mm

正面图案：斐迪南二世 Fernando （1452—1516）与伊
　　　　　莎贝拉一世 Isabel I（1451—1504），西
　　　　　班牙历史上杰出的国王与女王夫妇

背面图案：小天使环绕的西班牙国徽

他们是西班牙历史上著名的双君主，
分别称斐迪南国王和伊莎贝拉女王。
他们曾是两个不同王国的君主，婚姻的结合，
使他们共同统治和治理合并为一的国家，
创建了统一的西班牙王国。
女王是那一时代最重要的人物，她对哥伦布航海有力支持的决策，
开启了西班牙的黄金时代，使西班牙一步一步地成为世界历
史上第一个日不落殖民大帝国——西班牙帝国。
她说："守信是一项财宝，不应该随意虚掷。"

西班牙 / 比塞塔 / 埃切加赖

面　　额：1000 比塞塔

发行年份：1971 年

规　　格：153mm×94mm

正面图案：何塞·埃切加赖 José Echegaray（1832—
　　　　　1916），西班牙戏剧家、诗人、数学家

背面图案：西班牙国家银行大楼

欧洲

他是从数学入场的西班牙一个跨界牛人，
做过国家公用局局长、内阁财政大臣，
任过公共教育、税务等方面高级官员。
他还是西班牙皇家语言学院院士，
文学、诗歌、戏剧样样出彩，
30 多年里创作了 100 多部风格不同的剧本。
诺奖评选委员会说，"由于他剧作独特新颖的风格，
复兴了西班牙戏剧的伟大传统"，
因此授予他诺贝尔文学奖。
他说："做你力所能及的事情，不要去麻烦他人；
当你能独立获得所需，就不应求助任何人。"

西班牙 / 比塞塔 / 哥伦布

面　　额：5000 比塞塔

发行年份：1992 年

规　　格：147mm×71mm

正面图案：克里斯托弗·哥伦布 Cristoforo Colombo（约
　　　　　1451—1506），意大利探险家、航海家、殖民者。
　　　　　背景是西班牙国王夫妇及航海帆船

背面图案：指南针、浑天仪、航海罗盘、西班牙王室纹章及
　　　　　背景巨大的风帆

1492 年，四处游说多年的意大利探险家哥伦布，
在西班牙女王伊莎贝拉的有力支持下，
终于实现了他多年的大航海探险计划。
他四次远航，发现了美洲大陆，
成功开辟了从欧洲横渡大西洋到达美洲的新航线，
西班牙也从此崛起，开始了殖民海外领地的历史。
以他为代表的地理大发现和大航海时代的兴起，
推动了欧洲与新大陆和亚洲的交流，
欧洲获得了资源财富，也把黑奴和疾病送到了美洲。
他的发现之旅，成为人类历史上的一个转折点。
他说："除非你有勇气到达看不到岸边的地方，
否则你永远不可能跨越大洋。"
"只要我们能把希望的大陆牢牢地装在心中，
风浪就一定会被我们战胜。""世界是属于勇者的。"
"在人生的海洋上，最痛快的事就是独断独航，
但最悲惨的却是回头无岸。"
"追随着太阳的光芒，我将离开这个古旧的世界。"

他是一个远古时代传奇的诗人，
一位双目失明的行吟史诗的职业艺人，
挟着七弦琴，带着他那混浊的瞳孔和清醒的心灵，
在古希腊的城邦各处游吟，
向人们传唱着一个古老的神话
——《伊利亚特》和《奥德赛》，
这诗歌就以他的名字定名为《荷马史诗》。
它集古希腊口述文学之大成，是古希腊最伟大的作品，
也是西方文学中最伟大的作品。
他开创了西方文学的先河，
也成为欧洲文学史上第一个有名有姓的诗人。
他在诗中写道："为什么一听到阿开奥斯人在特洛伊的悲惨的遭遇，
你就悲痛不已，泪流满面？
实际上这是天神安排了这场恶战，
好让后代们有了吟唱传诵的故事。"

希腊 / 德拉克马 / 荷马

面　　额：1 德拉克马

发行年份：1917 年

规　　格：65mm×40mm

正面图案：荷马 Homer（约前 9 世纪—前 8 世纪），古希
　　　　　腊诗人，西方史诗经典《荷马史诗》的编写者

背面图案：皇冠与十字徽章

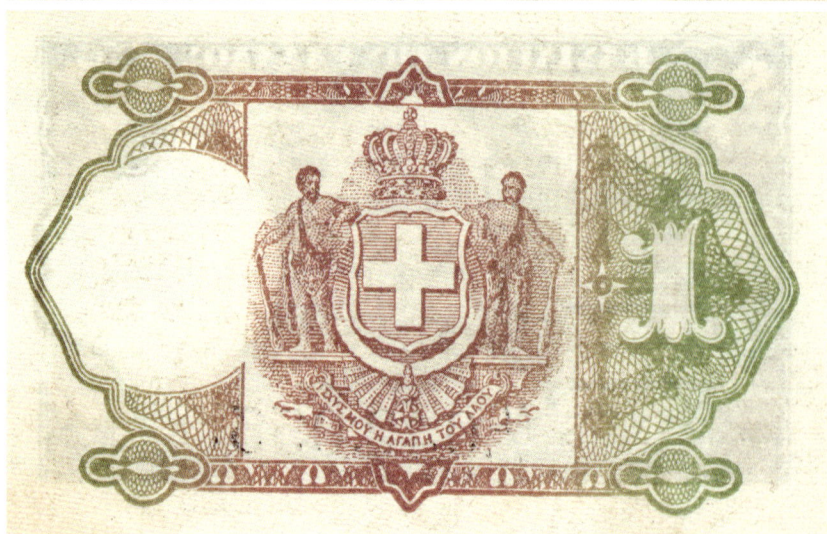

希腊 / 德拉克马 / 苏格拉底

面　　额：500 德拉克马

发行年份：1955 年

规　　格：158mm×81mm

正面图案：苏格拉底 Socrates（前 469—前 399），古希腊
思想家、哲学家、教育家、公民陪审员

背面图案：广场上宣讲的苏格拉底

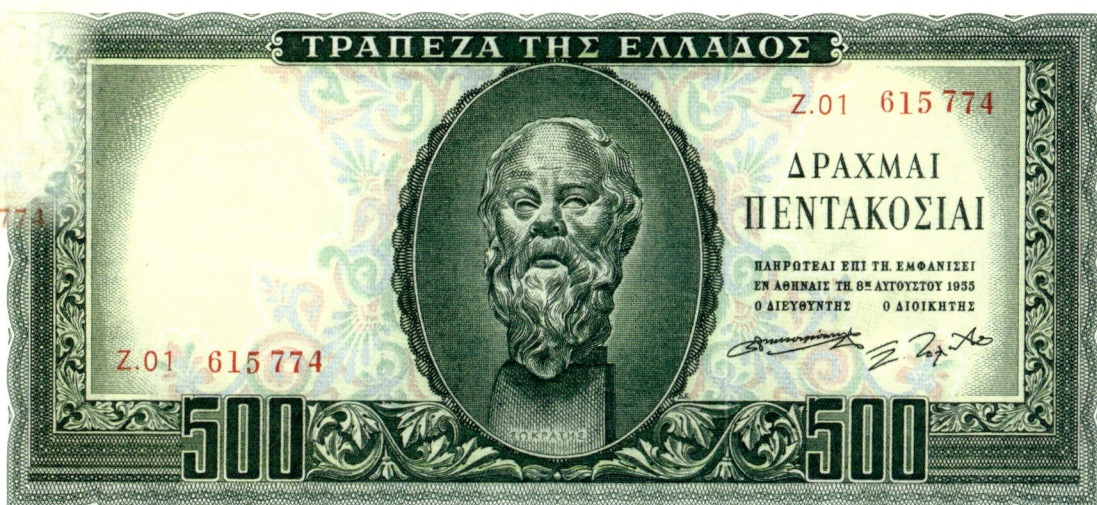

他是西方哲学的奠基者，古希腊（雅典）哲学的创始人。
他把希腊哲学研究的"自然哲学"，
转向研究人类本身的"伦理哲学"，即美德与智慧。
他把哲学定义为"爱智慧"，
以一种对哲学的崭新理解开创了希腊哲学的新纪元。
他的一个重要观点是："我比别人知道得多的，
不过是我知道自己的无知。"
"我不是一个智慧的人，我只是一个爱智慧的人。"
"未经审视的人生是不值得过的。"
"年轻人的身上只能有自豪，不能有自卑。"
"谦逊是藏于土中甜美的根，所有崇高的美德由此发芽滋长。"
"快乐的秘密并不在于寻求更多想要的，
而是在于培养清心寡欲的能力。"
"世间最珍贵的不是'得不到'和'已失去'，
而是现在能把握的幸福。"
"教育的真谛不是灌输而是点燃，
一万次灌输不如一次真正的唤醒。"

他是世界古代史上伟大的哲学家、
科学家、教育家之一，希腊哲学的集大成者。
他是柏拉图的学生、亚历山大的老师，
一位百科全书式的人物，几乎对每个学科都有贡献。
他的著作构建了西方哲学的第一个广泛系统，
包含道德、美学、逻辑和科学、政治和玄学。
马克思曾称他是古希腊哲学家中最博学的人物。
他说："人生最终的价值在于觉醒和思考的能力，
而不只在于生存。""优秀是一种习惯。"
"理性的人追求的不是快乐，而只是没有痛苦。"
"一个有德行的人，往往为他的朋友和国家的利益而采取行动，
必要时乃至牺牲自己的生命。
他宁愿捐弃世人所争夺的金钱荣誉和一切财物，
只求自己的高尚。"
"把权力赋予人等于引狼入室，
因为欲望具有兽性，纵然最优秀者，
一旦大权在握，总倾向于被欲望的激情所腐蚀。"

希腊 / 德拉克马 / 亚里士多德

面　　额：10000 德拉克马

发行年份：1947 年

规　　格：150mm×79mm

正面图案：亚里士多德 Aristotle Socrates（前 384—前
　　　　　322），古希腊人，古代先贤

背面图案：站立的塑像

希腊 / 德拉克马 / 亚历山大

面　　额: 1000 德拉克马

发行年份: 1956 年

规　　格: 158mm×81mm

正面图案: 亚历山大 Alexander the Great (前 356—前 323),
　　　　　古代马其顿国王, 亚历山大帝国皇帝, 世称 "亚历
　　　　　山大大帝"

背面图案: 壁画《伊苏之战》, 战场上厮杀的亚历山大和他的
　　　　　士兵

拿破仑称他是 "历史上最伟大的军事天才",
后世人更是尊称他为 "亚历山大大帝"。
为了实现征服世界的梦想, 他坚定地率军东侵,
征服埃及、歼灭波斯帝国、进逼印度土邦君王,
将东地中海世界与中东、印度连接起来,
使古希腊文明得到了广泛传播和繁荣发展,
创造了军事史、战争史和文明发展史上的奇迹。
他说: "果敢无战不胜, 刚毅无征不服。"
"山不到我这里来, 我就到它那里去。"
"把世界当作自己的故乡。"
"把财富分给别人, 把希望留给自己。"
"我的目标就是征服世界。"
处于巅峰时刻的他, 33 岁时突然大病倒下,
此时他已了然一生, 不无忠告且诙谐地说道:
"请把我的双手放在棺材外面, 让世人看看,
伟大如我者, 死后也是两手空空。"

他是罗马共和制度的破坏者，
在与罗马元老院的政治、军事较量中，
他以摧枯拉朽的方式，
打破了旧的贵族共和体制，
以政治与军事手段的熟练并用，
上任罗马执政官和独裁官，
基本上完成了向君主独裁制度的过渡，
使罗马成为古代最负盛名的强大国家，
被誉为罗马帝国的奠基者。
他带兵打仗几十年，指挥数十次战役，
在歼灭了政敌庞培以及亚历山大战役之后，
他与埃及艳后共度两月的尼罗河蜜月之旅，
留下了名传千古的豪言："我来，我见，我征服！"
他也曾感叹："你即便是收获了全世界，
如果没有人与你分享，你也将备感凄凉。"
他不幸死于元老院成员的暗杀，残年56岁。

意大利 / 里拉 / 恺撒

面　　额：2 里拉

发行年份：1939 年

规　　格：80mm×51mm

正面图案：纹饰与面额

背面图案：盖乌斯·尤利乌斯·恺撒 Gaius Julius Caesar（前 100—前 44），史称"恺撒大帝"，罗马帝国的奠基者

意大利 / 里拉 / 屋大维

面　　额：1 里拉

发行年份：1939 年

规　　格：80mm×51mm

正面图案：纹饰与面额

背面图案：盖乌斯·屋大维·奥古斯都　Gaius Octavius
　　　　　Augustus（前 63—14），罗马帝国的第一位元首

他是恺撒的养子和继承人，

开创了罗马帝国时代，是元首政治的创始人。

他所采取的一系列顺乎形势的内外政策，

为罗马帝国初期的繁荣打下基础，

被元老院赐封为"奥古斯都"（意为神圣伟大）。

罗马给了他 40 年近乎绝对的权力，

他给罗马带来了两个世纪的和平与繁荣。

"我接受了一座用砖建造的罗马城，

却留下一座大理石的城。"

他兑现了让罗马人从战争中解放出来，

"永远过和平的生活"的诺言，

开创了古罗马经济上最富庶的时代，

同时也带来了古罗马文学史上的"黄金时代"。

他说："在这场被称为'人生'的戏剧中，

我的表演还不错吧，

戏剧结束了，请用掌声送我回家吧！"

他是欧洲文艺复兴时代的开拓者，
欧洲最伟大的诗人，也是全世界最伟大的作家之一。
恩格斯评价说：
"封建的中世纪的终结和现代资本主义纪元的开端，
是以一位大人物为标志的，
他是中世纪的最后一位诗人，
同时又是新时代的最初一位诗人。"
他以《新生》及《神曲》留名后世，
被誉为意大利"至高诗人"和"意大利语之父"。
《新生》是他被爱情闪电击中后诞生的"生命之精灵"，
他说："爱情使人心的憧憬升华到至善之境。"
《神曲》是他"在人生的中途"的一个长梦，
一个神游地狱、炼狱、天堂的故事。
是一部百科全书性质的文化巨著，
一部世界文学史上里程碑式的伟大作品。

意大利 / 里拉 / 但丁

面　　额：10000 里拉

首发年份：1948 年

规　　格：245mm×126mm

正面图案：罗马守护女神，上方是意大利银行美杜莎像徽标

背面图案：但丁·阿利基耶里 Dante Alighieri（1265—1321），意大利中世纪诗人，现代意大利语的奠基者

他说："在人生的中途，我发现我已迷失了正路，
走进了一座幽暗的森林，笔直的路已经消失了，
这森林是多么荒凉，多么险恶，多么举步维艰啊。
想说清楚这种感受是多么困难。"
"只要一想起它，我就又觉得害怕。
它的苦和死相差无几。
你知道古往今来有多少哲人的欲望都没有得到结果，
他们的好奇心非但不能满足，
反而堕入了永久的惆怅。"
"上帝在创造的时候，最大的赠品，最伟大的杰作，
最为他所珍贵的，就是那自由意志，
只有智慧的造物享有自由意志。"
他说："地狱中最黑暗的地方是为那些在道德危机
时刻皂白不辨的人准备的。"

"道德常常能弥补知识的不足，
而知识却永远不能填补道德的空白。"
"人不应像走兽一般地活着，
应当追求知识和美德。"
"人有自由意志，成人成兽全在自己。
归根结底，一个人过着他选择的生活。"
他说："我所要使你相信的是：我只要于心无愧，
命运对于我无论怎样都好，我早已有预备了。"
"走自己的路，让别人去说吧。"

我是幽灵。我逃过了苦难之城。

穿越永恒，我飞向远方。

是爱通过感觉太阳来移动星星。

一件事越完美，就越幸福，也就越痛苦。

在那里，哭泣本身是不允许他们哭的。

而悲哀发现眼睛里有了障碍，

便转向内心，加重了痛苦。

我们在阳光明媚的甜美空气中生闷气；

我们厌倦了心中阴暗的迷雾，

现在我们在焦黑的泥土里悲伤。

贪婪的盲目煽动者最终永远折磨着人们。

……

——《神曲》摘抄

DECR. MIN. 14 AGOSTO 1947

B 1948   7522

BANCA D'ITALIA
LIRE DIECIMILA
PAGABILI A VISTA   AL PORTATORE
IL GOVERNATORE   IL CASSIERE

7522   B 1948

DECR. MIN. 23 MARZO 1961 E 7 MAGGIO 1948

意大利／里拉／米开朗琪罗

面　　额：10000 里拉

发行年份：1966 年

规　　格：158mm×78.5mm

正面图案：米开朗琪罗·博那罗蒂 Michelangelo Buonarroti
　　　　　（1475—1564），意大利杰出的雕刻家、绘画家、
　　　　　建筑师和诗人

背面图案：米开朗琪罗受教皇委托设计的卡比托利欧广场（现
　　　　　罗马市政厅广场）

他集雕刻家、画家、艺术家和诗人于一身，
是文艺复兴时期雕塑艺术最高峰的代表，
是天才、智慧和勇气兼容的"神"者。
《哀悼基督》始于他 23 岁时对生命的理解和思考，
《大卫》展现了他 26 岁时神圣的热情和英雄理想，
《创世纪》则显现出他的成熟、智慧与毅力，
《最后的审判》更承载着他年老后
所历经的心灵的悲剧性痛苦。
他是孤独的，不愿与人交往，也遭人嫉妒。
他爱人，但少有人爱他。人们对他既钦佩又惧怕。
最终他在人们心中引起了一种宗教般的崇敬。
他说："一个客观的艺术不只是用来看的，
而是活生生的。但是你必须知道如何去靠近它，
因此你必须要做到静心。"
"我在大理石中看见天使，
于是我不停地雕刻，直至使他自由。"

意大利／里拉／威尔第

面　　额：1000 里拉

发行年份：1969 年

规　　格：126mm×61mm

正面图案：朱塞佩·威尔第 Giuseppe Verdi（1813—1901），意大利歌剧作曲家，被誉为"歌剧之王"。左侧是世界上最古老的拨弦乐器竖琴

背面图案：意大利米兰斯卡拉歌剧院

意大利歌剧复兴时期最具代表性的歌剧作曲家，被誉为"意大利革命的音乐大师"和"歌剧之王"。他的代表剧作《弄臣》《游吟诗人》《茶花女》是世界歌剧史中"最灿烂的宝石"，建立了歌剧史上伟大的里程碑。小仲马曾无限感慨说："五十年后，也许谁也记不起我的小说《茶花女》了，但威尔第却使它成为不朽。"他说："音乐，人类的灵魂。只有懂得音乐的人才懂得生活。""音乐是我疗伤最好的药，没有谁能陪我走过悲伤的海。""音乐是属于群众的，这是人人有份的。"他一生创作了 26 部歌剧、7 首合唱作品，享誉世界，但他在遗嘱中表示自己的葬礼应该是"非常简朴的"。意大利人在他的《飞吧思想，展开金色的翅膀》的合唱声中，送别这位最伟大的歌剧艺术大师。

意大利／里拉／伽利略

面　　额：2000 里拉

发行年份：1973 年

规　　格：133mm×65mm

正面图案：伽利略·伽利雷 Galileo Galilei（1564—1642），
　　　　　意大利数学家、物理学家和天文学家。背景为比萨
　　　　　大教堂和比萨斜塔，下部为意大利银行圣马可飞狮
　　　　　徽标

背面图案：17 世纪黄道星座图及现代天文观测站

他是欧洲近代自然科学的创始人，
被称为"观测天文学之父""现代物理学之父"
"科学方法之父""现代科学之父"等。
他出版的著名的《星空使者》，让人类由俯首地球转而仰望星空。
人们说："哥伦布发现了新大陆，伽利略发明了新宇宙。"
恩格斯称他是"不管有何障碍，
都能不顾一切打破旧说、创立新说的巨人之一"。
他说："所有的科学最初都是一种天方夜谭似的空想，
但决不能因此而否定它们的价值，正因为这些科学幻想，
人类才有了今天的一切成就。"
"科学的唯一目的是减轻人类生存的苦难，
科学家应为大多数人着想。""追求科学需要特殊的勇气。
我不能教人什么，我只能指引他们去发现。"
"科学的真理不应当在古代圣人的蒙着灰尘的书上去找，而应
当在实验中和以实验为基础的理论中去找。真正的哲学是写在
那本经常在我们眼前打开着的最伟大的书里面的，这本书就是
宇宙，就是自然界本身，人们必须去读它。"

意大利 / 里拉 / 达·芬奇

面　　额: 50000 里拉

发行年份: 1974 年

规　　格: 166mm×82.5mm

正面图案: 列奥纳多·达·芬奇 Leonardo da Vinci（1452—
　　　　　1519），意大利文艺复兴时期最著名的画家和
　　　　　博学者

背面图案: 达·芬奇的出生地芬奇镇

他是意大利最天才的画家、自然科学家和发明家，
在众多领域均有成就，是人类历史上少见的全才，
被誉为"文艺复兴时期最完美的代表"。
他最大的成就在绘画领域，
代表作有《岩间圣母》《最后的晚餐》《蒙娜丽莎》等，
《蒙娜丽莎》是他留给世人最神秘的微笑。
他说："眼睛是心灵的窗户，
通过眼睛，人类可以感受和享受世界。"
"趁年轻少壮去探求知识吧，
它将弥补由于年老而带来的亏损。
智慧乃是老年的精神养料，
所以年轻时应该努力，
这样年老时才不致空虚。"
"你只要尝试过飞，日后走路时也会仰望天空，
因为那是你曾经到过，并渴望回去的地方。"

在一张纸币上选用一位画家的四幅画作，
体现出设计师对这位艺术家的深深敬意。
这张纸币背面的《神圣与世俗之爱》，
被誉为表现女性美和神圣爱情理想的最佳作品。
《沉睡的维纳斯》是他替师兄乔尔乔涅
完成景观和天空的一幅代表作品，备受称赞。
他的作品数量众多，风格既古典又浪漫奔放，
在意大利，没人能和他的绘画天才相比，
他被称为"群星中的太阳""西方油画之父"。
他是皇帝的私人好友并被授予贵族称号，
他不亢不卑，在他的画室，
罗马皇帝弯下身子去为他捡起掉在地上的笔，
他说："我不值得你为我捡起一支画笔。"
他一生安富，耄耋之年画笔不辍。
他说："绘画是一种需要平心静气的职业。
画家必须不停寻找事物的本质。"

意大利 / 里拉 / 提香

面　　额：20000 里拉
发行年份：1975 年
规　　格：160mm×78mm
正面图案：提香·韦切利奥 Tiziano Vecellio（约 1489—
　　　　　1576），意大利最有才能的画家之一，威尼斯
　　　　　画派的代表画家。他的《自画像》、《愤怒之子
　　　　　的治愈》局部及水印《花神》
背面图案：提香代表作《神圣与世俗之爱》

意大利 / 里拉 / 伏打

面　　额：10000 里拉

发行年份：1984 年

规　　格：133mm×70mm

正面图案：亚历山德罗·伏打 Alessandro Volta（1745—
　　　　　1827），意大利物理学家、经典电学大师。背
　　　　　景是他发明的伏打电堆

背面图案：意大利科莫市的伏打纪念堂

1800 年，他宣布发明了一个可以产生稳定、
持续电流的装置——伏打电堆，
成为世界上第一个电池组的发明者。
伏打电堆被称"是人类发明的最神奇的仪器"，
为电学研究提供了较大容量的电源，
成为电磁学发展的基础，
开创了人类电学发展史上天翻地覆的新时代。
他曾利用静电感应的原理发明了起电盘，
还发明了能够测量微量电荷的电量计，
一种能获得静电的简单装置。
为纪念他在电学方面的贡献，
人们将物理学中的电动势、
电压的单位名称以他的姓氏命名为"伏特"。
他是一位非常谦逊的科学家，
他说：他实验的内容"超出了当时已知的一切电学知识，
因而它们看来是惊人的"。
"看来电也并非是神的创造。"

意大利/里拉/马可尼

面　　额: 2000 里拉

发行年份: 1990 年

规　　格: 119mm×61mm

正面图案: 伽里默·马可尼 Guglielmo Marconi（1874—1937），意大利无线电工程师、企业家，无线电技术的发明者

背面图案: 电报机、天线架、远洋巨轮，无线电技术在航海上的应用

他是人类实用无线电报通信的创始人，也被称作"无线电之父"。

1895 年，他用自己发明的一种装置，成功地把无线电信号发送到 2.4 公里外，并在第二年获得这项发明的专利（后有争议）。

5 年后，他用改进的设备使摩尔斯电码无线电信号穿越大西洋。

1907 年，他开通了实用的商业无线电报业务。

1909 年，他与布劳恩共同获得诺贝尔物理学奖。

他有一句名言："我愿意告诉诸位，倘使诸位能够尽心竭力地干一件事，是一定可以成功的。"

"成功的秘诀，是要养成迅速行动的习惯。"

"昨天的不可能，成为今天的可能；前个世纪的幻想，今天已成为真实摆在我们的眼前。令人惊讶的是人类努力的伟大。"

欧洲

意大利／里拉／拉斐尔

面　　额：500000 里拉

发行年份：1997 年

规　　格：163mm×78mm

正面图案：拉斐尔·桑西 Raffaèllo Sanzio（1483—1520），意大利画家，文艺复兴三杰之一。拉斐尔本人的自画像和《嘉拉提亚的凯旋》局部

背面图案：油画《雅典学院》局部

他是世界艺术史上最伟大的画家之一，
被称为"圣母画家"和"画圣"。
他一生创作了大量的圣母像，将圣母形象描绘成温柔、
完美、恬静、充满母爱的人间女人，
《西斯廷圣母》成为这类作品完美的范本。
《嘉拉提亚的凯旋》《雅典学院》展示了他的天才，
他将文艺复兴的人文主义发挥到极致，
达到了艺术家追求理想美所能达到的巅峰。
他样貌俊美，性格温柔，是一个多情的男子，
一生有过多位情人，他的作品和人生都
充满蓬勃的欲望，伤情、劳累、纵欲、
疾病，最终使他英年早逝，
37 岁便离开了这个世界。
他的墓碑上镌刻着："他在世之时，
自然之母深恐被他征服；他离世之后，
自然之母又唯恐随他而去。"

500 000 LIRE CINQUECENTOMILA
PAGABILI A VISTA AL PORTATORE
IL GOVERNATORE　　IL CASSIERE
Antonio Fazio
RAFFAELLO
WA 577706 E　　BANCA D'ITALIA　　WA 577706 E

500 000
DECRETO MINISTERIALE 6 MAGGIO 1997
OFFICINA DELLA BANCA D'ITALIA
LA LEGGE PUNISCE I FABBRICATORI
E GLI SPACCIATORI DI BIGLIETTI FALSI

她是迄今英国在位时间最长的君主，
拥有世界上最多殖民地王国的国王。
她享有大不列颠的一切最高荣誉，
她的头像出现在 34 个国家和地区的钞票上，
是世界纸币史上空前绝后的事情。
她享年 96 岁，在位 70 年，一生为国家效力，
深受英国人民的崇拜和敬爱。
她说："我真诚地承诺为你们服务，
就像你们中的许多人承诺为我服务一样。
在我的一生中，
我将全心全意地努力不辜负你们的信任。"
"尽管我们有能力做出伟大的善举，
但历史告诉我们，
有时我们需要从自己的鲁莽或贪婪中拯救出来。"

英国／英镑／伊丽莎白二世

面　　额：1 英镑

发行年份：1960 年

规　　格：152mm×73mm

正面图案：女王伊丽莎白二世 Her Majesty Queen Elizabeth
　　　　　II（1926—2022），英国女王，英联邦元首、国
　　　　　会最高首领

背面图案：不列颠尼亚女神

她说:"当你觉得人生艰难的时候,
勇敢的人是不会屈服接受失败的。
相反,为了追求更好的未来,
更加坚定了斗争的决心。"

"悲伤是我们为爱付出的代价。"

"我知道唯一的生活方式就是努力做正确的事。"

"我相信,无论是年轻人还是老年人,
我们都有足够的信心和希望去期待,
也有足够的骄傲去回忆。"

下面这张英属毛里求斯纸币上的戎装女王画像,
是意大利艺术家皮埃特罗·阿尼戈尼的作品,
是伊丽莎白二世所有的画像中最成功的一幅,
也是最能体现王者风范的、最具备高贵气质的一幅,
被大众评为"最美"英国女王画像。
她戎装上佩戴的嘉德勋章格外醒目,
是授予英国骑士的一种勋章。
它起源于中世纪,是今天世界上历史
最悠久的骑士勋章和英国荣誉制度最高的一级,
只有极少数人能够获得这枚勋章,
其中包括英国君主和最多 25 名在世的佩戴者。

1967 年英属毛里求斯 25 卢比:戎装女王、毛里求斯国徽

2002年苏格兰银行5英镑:
女王伊丽莎白二世登基50
周年纪念钞

英国 / 英镑 / 莎士比亚

面　　额：20 英镑

发行年份：1966 年

规　　格：152mm×85mm

正面图案：女王伊丽莎白二世 Her Majesty Queen Elizabeth II
（1926—2022），英国女王、英联邦元首。中间为
圣乔治屠龙图

背面图案：威廉·莎士比亚 William Shakespeare（1564—
1616），英国史上最杰出的戏剧家、诗人。雕像出
自威斯敏斯特大教堂中诗人之角，背景为《罗密欧与
朱丽叶》舞台剧

他是英国文艺复兴时期最杰出的剧作家、诗人，
被称作"人类文学奥林匹斯山上的宙斯"。
他一生写出 37 部人间的历史和悲、喜剧，
无情地揭露了"人性"的罪恶，
对"人"作了最精深最丰富的展示。
他说："爱所有人，信任少数人，不负任何人。"
"最重要的是，你必须对自己忠实。"
"名誉是一件无聊的骗人的东西；
得到它的人未必有什么功德，
失去它的人也未必有什么过失。"
"外观往往和事物的本身完全不符，
世人都容易为表面的装饰所欺骗。"
"道出他人不会说出的事实是傻子的特权。"
"我们出生时都会大哭，
因为我们到了这个充满白痴的伟大舞台。"

英国／英镑／南丁格尔

面　　额：10 英镑

发行年份：1975 年

规　　格：151mm×85mm

正面图案：女王伊丽莎白二世 Her Majesty Queen Elizabeth II（1926—2022），英国女王，英联邦元首。中间为盛开的百合花

背面图案：弗洛伦丝·南丁格尔 Florence Nightingale（1820—1910），护士、统计学家。左侧背景为南丁格尔在战地医院护理的石版画，"提灯女神"与护士们

她是英国护理事业的创始人和现代护理教育的奠基人，是世界上第一个真正的女护士。

她第一个率领护士走上战场救死扶伤，在战地医院，伤员们亲切地称她为"提灯女神"。

她创办了世界上第一所护士培训学校，让护士工作成为一项崇高的事业。

"南丁格尔"成为护士精神的代名词，"5·12"国际护士节设立在她生日这一天。

她说："护士必须有一颗同情心和一双愿意工作的手。"

她留下一段著名的"南丁格尔誓言"，"余谨以至诚，于上帝及会众面前宣誓：终身纯洁，忠贞职守。勿为有损之事，勿取服或故用有害之药。尽力提高护理之标准，慎守病人病务及秘密。竭诚协助医生之诊治，务谋病者之福利。谨誓！"

英国 / 英镑 / 牛顿

面　　额：1 英镑
发行年份：1978 年
规　　格：135mm×67mm
正面图案：女王伊丽莎白二世 Her Majesty Queen Elizabeth
　　　　　II（1926—2022），英国女王、英联邦元首
背面图案：艾萨克·牛顿 Isaac Newton（1643—1727），英
　　　　　国物理学家、数学家、科学家和哲学家，英国皇
　　　　　家协会会长。背景为苹果树下的牛顿、《原理》
　　　　　书中几何图形及太阳系行星轨道图

《自然哲学的数学原理》是他一生中最重要的著作，
提出了力学的"运动三定律"和"万有引力定律"，
构成他经典力学的基础；他还创立了微积分。
伏尔泰说："他用真理的力量统治我们的头脑。"
他说："你该将名誉作为你最高人格的标志。"
"把简单的事情考虑得很复杂，可以发现新领域；
把复杂的现象看得很简单，可以发现新定律。"
"我能计算出天体的运行，却计算不出人类的疯狂。"
他说："你若想获得知识，你该下苦功；
你若想获得食物，你该下苦功；
你若想得到快乐，你也该下苦功；因为劳动是获得一切的定律。"
"快乐的生活是由愉快的思想造成的。"
"我不知道世人对我是怎样看的，
不过我只觉得自己好像是一个在海滨玩耍的孩子。
有幸拾到几块晶莹美丽的石子，但真理的大海，我还没有发现。"
"如果说我比别人看得更远些，
那是因为我站在了巨人的肩上。"

英国 / 英镑 / 斯蒂芬森

面　　额: 5 英镑

发行年份: 1990 年

规　　格: 136mm×70mm

正面图案: 女王伊丽莎白二世 Her Majesty Queen Elizabeth II（1926—2022），英国女王、英联邦元首

背面图案: 乔治·斯蒂芬森 George Stephenson（1781—1848），英国史上著名工程师、发明家，背景是他制造的蒸汽机车及第一次开行

1825 年 9 月 27 日，在英国的第一条现代铁路上，他驾驶着与他人合作、亲手制成的蒸汽机车——世界第一台客货运输机车，牵引着 30 多节小车厢正式试车成功，使人类迈入了运输的"火车时代"，他也被尊称为"铁路机车之父"。17 世纪，法国人制造出第一台蒸汽机工业模型，18 世纪，瓦特对纽科门矿井抽水机进行重大改良并制造出成熟的工业蒸汽机，斯蒂芬森将它不断改造并成功用在了铁路运输上。他说："为了发明和制造火车，人类已经付出了几代人的艰辛，我们是在一条泥泞和血迹斑斑的路上走出来的啊！我希望人们不光记住我们，还要记住为发明火车作出贡献和牺牲的无数失败者！"

英国／英镑／法拉第

面　　额：20英镑

发行年份：1991年

规　　格：150mm×80mm

正面图案：女王伊丽莎白二世 Her Majesty Queen Elizabeth II（1926—2022），英国女王、英联邦元首。左侧图案中是持矛的不列颠女神像

背面图案：迈克尔·法拉第 Michael Faraday（1791—1867），英国物理学家、化学家。背景是他在皇家学院进行科普演讲

他被称为"电学之父"和"交流电之父"，是一位了不起的自学成才的科学家，是英国著名化学家汉弗里·戴维的学生和助手。1831年，他取得了关于电力场的关键性突破，发现了划时代的"电磁感应现象"，并创造出人类的第一台发电机和电动机，永远改变了人类的文明。

人们说："没有人能同太阳比光辉，但法拉第确实是给人类带来光明的造福者。"

他说："科学家不应是个人的崇拜者，而应当是事物的崇拜者。真理的探求应是他唯一的目标。"

"拼命争取成功，但是不要期望一定会成功。"

"我总是首先对自己采取严厉的批判态度，然后才给别人以这样的机会。"

欧洲

118

英国／英镑／狄更斯

面　　额：10 英镑

发行年份：1992 年

规　　格：142mm×75mm

正面图案：女王伊丽莎白二世 Her Majesty Queen Elizabeth II（1926—2022），英国女王、英联邦元首。左侧图案中是持矛的不列颠女神像

背面图案：查尔斯·狄更斯 Charles Dickens（1812—1870），英国批判现实主义作家。背景是小说《匹克威克外传》中的插图

他是 19 世纪最杰出的小说家之一，《匹克威克外传》《雾都孤儿》《双城记》等作品，真实地描写了 19 世纪初的英国社会。

他的名声早已超出了英伦三岛，作品流行于世界各大语种地区。

他说："不管我到什么地方去，我是去找欢乐的。我决不会到什么地方去找痛苦，因为我生来就是个寻欢作乐的人。仅有痛苦找到我头上，我才会痛苦。"

"顽强的意志能够征服世界上任何一座山。"

"仁爱先从自己开始，公正先从别人开始。"

"宽恕是一种高贵的品质、一种崇高的美德，绝不是你所能控制、所能左右的。"

"在你的人生中永远不要弄破四样东西：信任、关系、诺言和心，因为当它们破了，不会发出任何声响，但却异常地痛苦。"

"不公道本身，对于每一个慷慨和心理正常的人就是一种伤害，是最不堪、最痛苦和最难忍受的事。"

英国 / 英镑 / 达尔文

面　　额：10 英镑

发行年份：2000 年

规　　格：142mm×75mm

正面图案：女王伊丽莎白二世 Her Majesty Queen Elizabeth
II（1926—2022），英国女王、英联邦元首

背面图案：查尔斯·达尔文 Charles Darwin（1809—1882），
英国生物学家，进化论奠基人。左侧是加拉帕克斯
群岛的蜂鸟，远处是贝格尔号考察舰

欧洲

他是生物"进化论"学说的提出者，
他出版的《物种起源》，
提出以自然选择为核心的生物进化论学说，
使生物学发生了一次革命性变革。
恩格斯将其列为 19 世纪自然科学的三大发现之一。
他乘坐英国皇家科考船参加了历时 5 年的环球考察，
对动植物和地质结构等进行大量的采集和观察，
他通过多年研究后提出："能够生存下来的物种，
不是最强壮的，也不是最聪明的，是那些最能适应变化的。"
"物竟天择，更适者生存。"
"科学就是整理事实，以便从中得出普遍的规律和结论。"
"最有价值的知识是关于方法的知识。
只有服从大自然，才能战胜大自然。"
他说："每个生物在生活过程中，必须跟自然环境作斗争、
跟同一物种作斗争、跟不同物种的生物作斗争，
其中以同一物种的生物之间的斗争最为激烈。"

英国 / 英镑 / 亚当·斯密

面　　额：20 英镑

发行年份：2007 年

规　　格：149mm×80mm

正面图案：女王伊丽莎白二世 Her Majesty Queen Elizabeth II（1926—2022），英国女王、英联邦元首。背景建筑为位于伦敦针线街的英格兰银行总部大楼

背面图案：亚当·斯密 Adam Smith（1723—1790），18 世纪著名经济学家、哲学家、作家。背景图案为《国富论》中的别针工厂分工的例子

他是英国经济学的主要创立者，被称为"现代经济学之父"，他的《国富论》和《道德情操论》，改变了世界的结构乃至对人性的认知。他认为经济的发展由"看不见的手"——市场来引导；他理性地指出人类自利的本性——利己主义是人的一切经济行为的动机。他说："人天生，并且永远是自私的动物。""我们的晚餐并非来自屠宰商、酿酒师和面包师的恩惠，而是来自他们对自身利益的关切。我们不要求于他们的爱他心，只要求助于他们的自爱心。我们不要向他们说我们必需，只说他们有利。""我们在这个世界上辛苦劳作，来回奔波是为了什么？所有这些贪婪和欲望，所有这些对财富、权力和名声的追求，其目的到底何在呢？归根结底，是为了得到他人的爱和认同。"

英国 / 英镑 / 博尔顿与瓦特

面　　额: 50 英镑
发行年份: 2011 年
规　　格: 156mm×85mm
正面图案: 女王伊丽莎白二世 Her Majesty Queen Elizabeth II（1926—2022），英国女王、英联邦元首
背面图案: 马修·博尔顿 Matthew Boulton（1728—1809）与詹姆斯·瓦特 James Watt（1736—1819），英国制造商和工程师及他们合作发明的蒸汽机

欧洲

他们是工业革命时期的代表人物，
携手开辟了人类利用能源的新时代。
他们既是发明家，又是企业家，
是商业文明的先驱、科学创新的领袖。
他们发明的蒸汽机，"武装了人类，
使虚弱无力的双手变得力大无穷……
它为机械动力在未来创造奇迹打下坚实的基础"。
他们说："科学绝不是一种自私自利的享乐。
有幸能够致力于科学研究的人，
首先应该拿自己的学识为人类服务。"
"那些为共同目标劳动因而使自己变得更加高尚的人，
历史承认他们是伟人。"
"如果浪费一个发明家宝贵的时间，
那不是他一个人的损失，而是整个人类的损失。"

（英）苏格兰 / 苏格兰镑 / 贝尔

面　　额：1 苏格兰镑

发行年份：1997 年

规　　格：128mm×65mm

正面图案：苏格兰首任总督艾莱勋爵 lord llay（1682—
　　　　　1761）。最初的电话机

背面图案：亚历山大·格雷厄姆·贝尔 Alexander Graham
　　　　　Bell（1847—1922），苏格兰裔美国发明家、企
　　　　　业家，电话的发明者

他打破了相距遥远的人无法通话的孤寂，
1875 年 6 月，28 岁时制成了世界上第一台实用的电话机，
并幸运地第一个获得了专利权。
1877 年，他创建了贝尔电话公司（AT T 公司的前身），
被誉为"电话之父"。
他一生以聋哑者的幸福和需求为努力的方向，
还发明了听力计、留声机和金属探测器等。
他说："每次当一扇门关闭的时候，
就会有另一扇门打开，
去寻找那些敞开的门，寻找在你面前的那些机会。"
"我们不能决定未来，但我们可以决定养成什么样的习惯，
正是这些习惯决定了我们的未来。"
"一般情况下，一个人的能力很少是
与生俱来的——一个人，
是他自己决定了自己将会成为一个怎样的人。"
"全神贯注于你手头的工作。
就像太阳光线只有聚焦到一个焦点，才能燃起火焰。"

（英）苏格兰 / 苏格兰镑 / 弗莱明

面　　额：5 苏格兰镑

发行年份：2009 年

规　　格：135mm×70mm

正面图案：亚历山大·弗莱明 Alexander Fleming（1881—
　　　　　1955），苏格兰细菌学家、生物化学家

背面图案：圣基尔达岛上居民的日常生活

他是英国著名的生物化学家和微生物学家，
1929 年，他经过 6 年的研究发现了"青霉菌"，
并发表论文指出青霉素将会有重要的用途，
但他自己无法发明一种提纯青霉素的技术。
1939 年，澳大利亚和德国的两位医生合作，
证实了他的成果，然后提纯了青霉素，
终于使人类找到了具有强大杀菌作用的药物，
结束了传染病几乎无法治疗的时代。
此后因国家力量的投入，青霉素终于批量生产，
在二战后期战场上挽救了成千上万士兵的生命。
1945 年，他与另两位医生共获诺贝尔生理学或医学奖。
他说："一时的成就是以多次失败为代价而取得的。"
"不要等待运气来临，应该去努力掌握知识。"
"研究者熟悉失望和失败。但是，
如果好好地进行分析，失败往往是有益的。
它有助于夺得成功。"

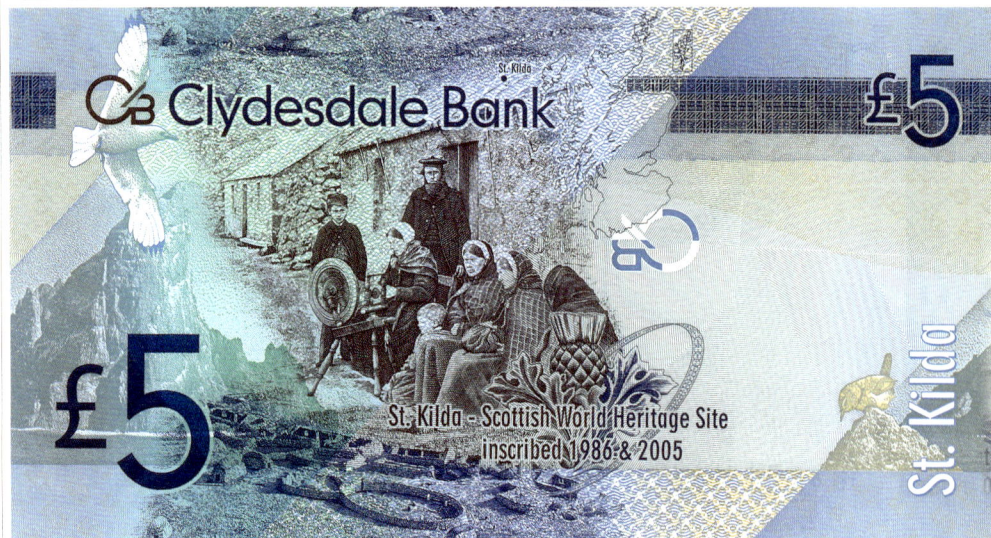

（英）直布罗陀／直布罗陀镑／丘吉尔

面　　额：50 直布罗陀镑

发行年份：2006 年

规　　格：157mm×84mm

正面图案：女王伊丽莎白二世 Her Majesty Queen Elizabeth II（1926—2022）。背景中有两只象征英国领土的直布罗陀猴

背面图案：温斯顿·丘吉尔 Winston Churchill（1874—1965），英国政治家、历史学家，两任英国首相。背景为二战时的直布罗陀机场

这张纸币以二战时直布罗陀机场"火炬"行动计划为背景，纪念"愤怒的丘吉尔"领导英国人民赢得反法西斯战争的胜利。

他著有《第二次世界大战回忆录》等，获得 1953 年诺贝尔文学奖。

2002 年，BBC 评选有史以来"最伟大的 100 名英国人"，他成为英国公认的"最伟大的英国人"。

二战中他最著名的演讲词是：

"绝不屈服，绝不妥协，绝不，绝不，绝不，绝不——任何情况下都不妥协！

无论事情大小，也不管重大细微——除非事关荣誉与贤明，否则绝不妥协。"

他说："我所能奉献的别无其他，只有热血、辛劳、眼泪和汗水。"

"这个世界上最好的美德是勇气。成功不是终点，失败也不是末日，继续前行的勇气才最可贵。"

（英）北爱尔兰／爱尔兰镑／詹姆斯·马丁

面　　额：100 爱尔兰镑

发行年份：2005 年

规　　格：163mm×90mm

正面图案：詹姆斯·马丁 James Martin（1893—1981），英
国北爱尔兰飞机设计师、工程师。左侧是弹射座椅
上的飞行员示意图

背面图案：贝尔法斯特市政厅大楼及门上三角墙的雕塑

他是马丁·贝克飞行员火箭弹射座椅的设计者。
生于英国，早年在贝尔法斯特学习工程，
1929 年创办马丁飞机公司，
20 年间制造过 MB-2 等三种战斗机的原型机。
1944 年，他接受军方委托开始研究现代战斗机飞行员安全
脱离方法，经过大量试验，
终于成功研究出火箭弹射座椅。
在飞机新的高度、速度及各种状态下，
在与死神抢夺飞行员宝贵生命的较量中，
他的座椅表现比飞机还令人称奇。
70 多年来，这种弹射座椅已经挽救了超过 7000 名飞行员
的生命，被誉为 20 世纪最伟大的发明之一。
他说："我们拥有的宇宙充满恐怖的迷乱无序，
但我们从未对任何事物感到绝望，
我们坚持在每一领域继续研究。"

欧洲

（英）北爱尔兰 / 爱尔兰镑 / 邓禄普

面　　额：10爱尔兰镑

发行年份：2010 年

规　　格：142mm×75mm

正面图案：约翰·博伊德·邓禄普 John Boyd Dunlop（1840—1921），英国北爱尔兰发明家、企业家，橡胶充气轮胎的发明者

背面图案：贝尔法斯特市政厅大楼及门上三角墙的雕塑

他曾是一名兽医，精于使用橡胶成型，
看到儿子骑的实心橡胶轮自行车在石头路上颠簸，
他灵光一闪，用一根通过活门充气的管子，
外面涂上橡胶作保护层，
做了一个气胎缠在车轮上。
这种轮胎既减轻了颠簸又轻快，
让人大开眼界。几番改造，他完善了气胎，
并为自己的这项发明申请了专利，
成为橡胶充气轮胎的发明者。
他从此改行，成立了世界上第一家轮胎制造厂，
从事自行车轮胎、汽车轮胎等各类橡胶制品的研发生产，
对橡胶材料和工艺进行了创新性的探索和实践，
邓禄普橡胶公司最终成为全球著名品牌。
他说："科学是永无止境的，它是一个永恒的过程，
需要我们不断地探索和发现。"

BHANKI ENGUVIMBA YOMZANTSI

...GA YA VHUKATI YA AFRIKA TSHIPE...

AS7688513 C

她从佛得角海边酒吧唱起，
一生光着脚在舞台上演出，
用歌声和灵魂温暖他人，
被称作"赤足歌后"和"没有王国的国王"。
她的声音被世界乐坛誉为"来自上帝的恩宠"，
年过花甲还成为麦当娜、瑞奇·马丁的偶像。
她六度获格莱美提名，成为格莱美歌后，
《爱慕之语》获格莱美最佳世界音乐专辑大奖。
她曾把"佛得角吹来的海风"带到中国。
一首《深深的吻》的演唱，
表达了她最纯朴最真挚的情感：
"吻我，深深地吻我吧，
就好像今晚是最后一夜。
吻我，深深地吻我吧，我好怕今夜之后就会失去你，
我想很近很近地感觉你，我想面对着你看着你，
在你的眼睛里看到我自己。"

佛得角 / 埃斯库多 / 塞萨莉亚·艾沃拉

面　　额：2000 埃斯库多
发行年份：2014 年
规　　格：142mm×71mm
正面图案：塞萨莉亚·艾沃拉 Cesária Évora（1941—
　　　　　2011），佛得角国宝级歌手
背面图案：一把小提琴及光芒万丈的海上日出

南非／兰特／曼德拉

面　　额：50 兰特

发行年份：2012 年

规　　格：140mm×70mm

正面图案：纳尔逊·曼德拉 Nelson Mandela（1918—
　　　　　2013），南非首位黑人总统，被尊称为"南非
　　　　　国父"

背面图案：非洲雄狮和不远处的一只母狮

他是黑人贵族部落中唯一上过学的成员，
先后获大学文学学士和法学学士并取得律师资格，
因抗议和组织及种族隔离运动被白人政府逮捕。
27 年的监狱生活没能使他屈服却让他深入思考，
《漫漫自由路》是他在狱中写成的自传。
1990 年，出狱后他转而支持调解与协商，
并在推动多元族群民主的过渡期挺身领导南非。
他说："当我走出囚室迈向通往自由的大门时，我已经清楚，
自己若不能把痛苦与怨恨留在身后，那么其实我人仍在狱中。"
1993 年，他获得诺贝尔和平奖。
他说："你若光明，这世界就不会黑暗；你若心怀希望，
这世界就不会彻底绝望；你如不屈服，这世界又能把你怎样。"
"生命中最伟大的光辉不在于永不坠落，
而是坠落后总能再度升起。"
"我希望我的墓碑上能写上这样的一句话：
'埋葬在这里的是已经尽了自己职责的人'。
除此之外，我别无他求。"

突尼斯 / 第纳尔 / 汉尼拔

面　　额：5 第纳尔
发行年份：2013 年
规　　格：143mm×73mm
正面图案：汉尼拔·巴卡 Hannibal Barca（前 247—前
　　　　　182），北非古国迦太基军事统帅、行政官。背景
　　　　　为迦太基城及巨大的圆形军港
背面图案：迦太基战船

他是公元前 2 世纪地中海世界罗马和迦太基之间的第二次
布匿战争中的一位大英雄，被誉为"西方战略之父"，
拿破仑更是将他奉为"战神"。
备受军事史上称赞的是他奇迹般地率领大军，
从西班牙翻越比利牛斯山和阿尔卑斯山进入意大利北部，
出其不意并多次以少胜多重创罗马军队。
"要么胜利，要么死亡！"是他著名的出征演讲，
他说："你们必须勇敢无畏。你们在胜利和覆灭之间绝无回
旋余地，要么胜利，要么死亡。
如果命运未卜，与其死于逃亡，毋宁死于沙场。
如果这就是你们大家确定不变的决心，
我再说一遍，你们就已经胜利了；这是永生的众神在人们
夺取胜利时所赐予的最有力的鼓励。"
15 年的战争因迦太基贵族统治者的腐朽而失败，
他最终不甘屈服于罗马的威逼而饮毒自尽，
但仍然是世界史上最崇高的"败将"。

赞比亚 / 克瓦查 / 卡翁达

面　　额: 500 克瓦查

发行年份: 1991 年

规　　格: 140mm×70mm

正面图案: 肯尼思·戴维·卡翁达 Kenneth David Kaunda (1924 — 2021),政治家、外交家、总统,被尊称为"赞比亚国父"。中间为赞比亚国徽图案

背面图案: 独立纪念碑上的自由战士像与棉田里的采棉女人

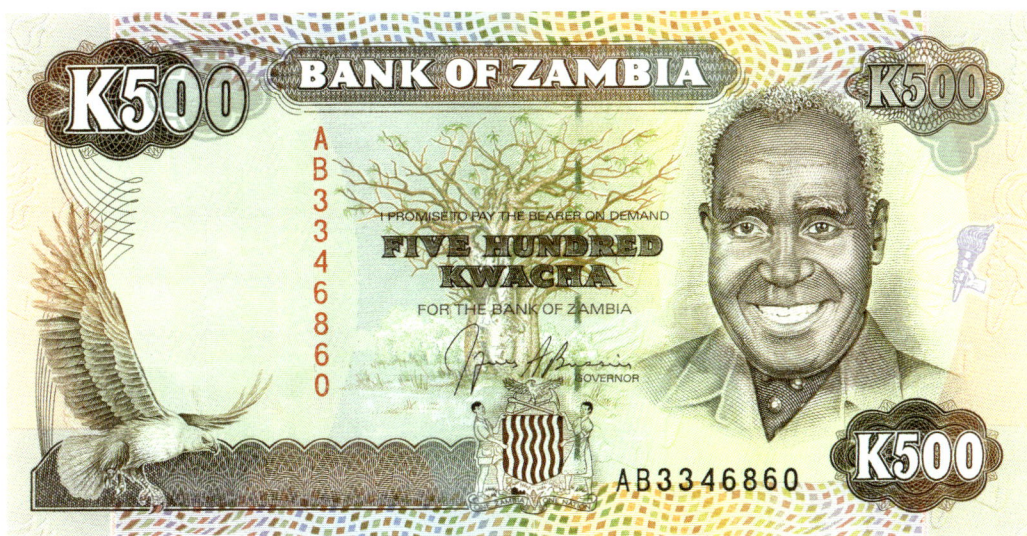

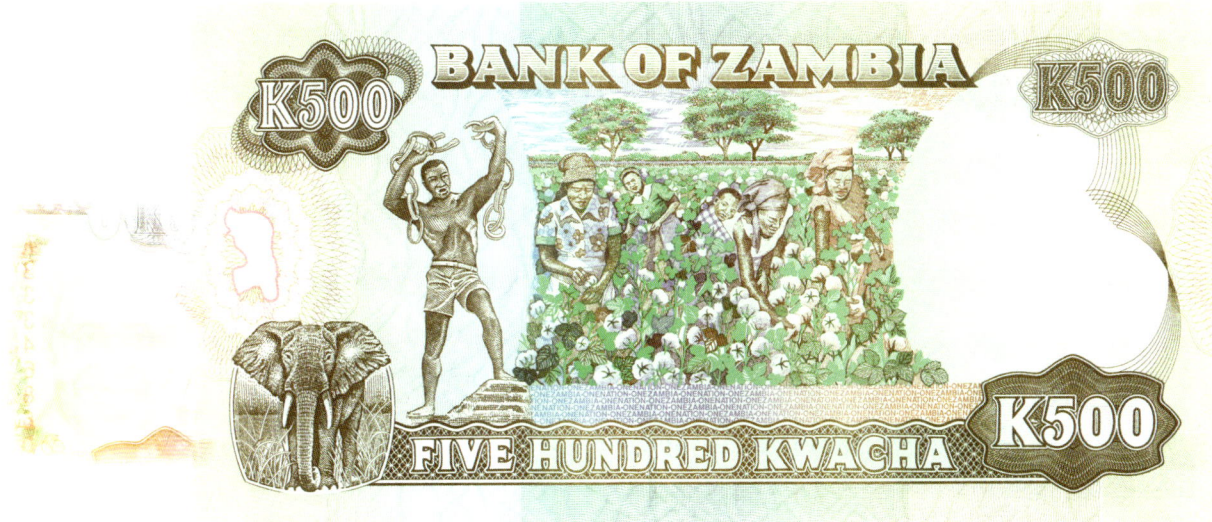

他是赞比亚的开国总统,
领导赞比亚人民反抗英国殖民统治,
并于 1964 年赢得国家独立。
他曾先后四次访问中国,
两次登上北京八达岭长城,
他说:"从古至今,长城就是伟大中国人民的象征。
衷心祝愿长城能传承友谊,永远造福人类。"
他称赞中国是"全非洲伟大的、
慷慨的和全天候的朋友"。
他执政 27 年,在非洲政治舞台上驰骋了一生,
享年 97 岁,是罕见长寿的非洲政治家。
他说:"发展中国家必须以和平为基石,
通过发展来推动自身经济进步。"

North
America
北美洲
04
....
184—148

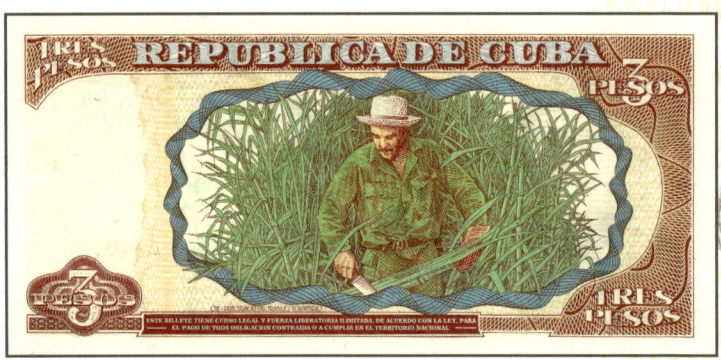

REPUBLICA DE CUBA
TRES
PESOS
3
PESOS
3
PESOS
TRES
PESOS

ESTE BILLETE TIENE CURSO LEGAL Y FUERZA LIBERATORIA ILIMITADA, DE ACUERDO CON LA LEY, PARA
EL PAGO DE TODA OBLIGACION CONTRAIDA O A CUMPLIR EN EL TERRITORIO NACIONAL.

3
PESOS

CHE · PRECURSOR DEL T

ESTE BILLETE TIENE CURSO LEGAL Y F
EL PAGO DE TODA OBLIGACION

古巴 / 比索 / 切·格瓦拉

面　　额：3 比索

发行年份：1995 年

规　　格：150mm×70mm

正面图案：切·格瓦拉 Che Guevara（1928—1967），作家、
　　　　　游击队队长、军事理论家，古巴革命的核心
　　　　　人物

背面图案：作为志愿者在收割甘蔗的切·格瓦拉

他生于阿根廷贵族家庭，受过良好教育，
大学时的南美摩托之旅让他认识了世界的不平，
拿起枪与卡斯特罗从古巴开始革命者的人生。
他说："不要问篝火该不该燃烧，
先问寒冷黑暗在不在；不要问子弹该不该上膛，
先问压迫剥削在不在；不要问正义该不该祭奠，
先问人间不平还在不在……"
"我怎能在别人的苦难面前转过脸去。"
"我用能拿到的一切武器为我的信念而战。"
"让我们忠于理想，让我们面对现实！"
"让世界改变你，然后你改变世界。"
"我踏上了一条比记忆还长的路，陪伴我的，
是朝圣者的孤独，我脸上带着微笑，
内心却充满痛苦。""如果说我们是浪漫主义，
是不可救药的理想主义分子，我们想的都是不可能的事情，
那么，我们将一千零一次地回答，是的，我们就是这样的人。"
"开枪吧，胆小鬼！你要打死的是一个男子汉！"

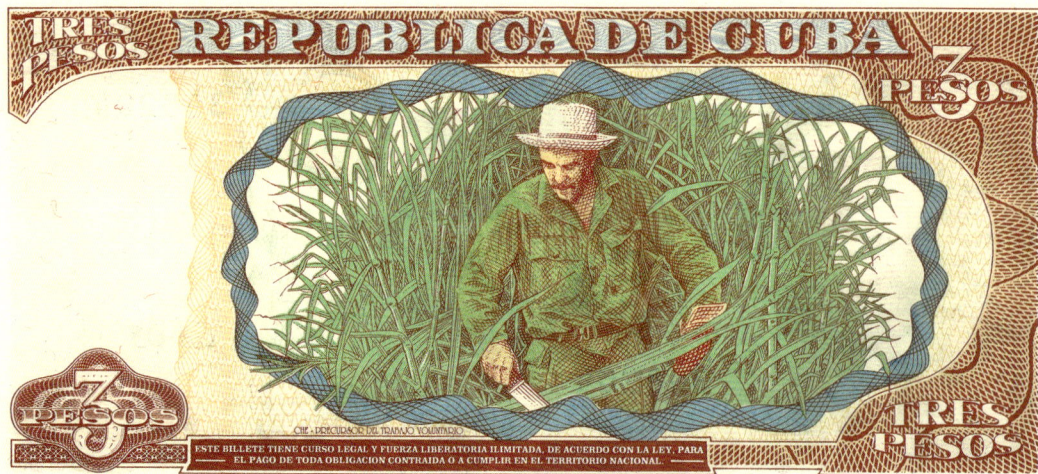

墨西哥／比索／胡安娜·克鲁兹

面　　额：1000 比索

发行年份：1984 年

规　　格：156mm×66mm

正面图案：胡安娜·伊内斯·德·拉·克鲁兹 Sor Juana
　　　　　Inés de la Cruz（1651—1695），修女、墨西
　　　　　哥 17 世纪著名女诗人

背面图案：圣伊德方索学院、广场和历史悠久的大教堂

她是墨西哥文学史上的传奇人物，
是新西班牙时期最著名的诗人，
被称为"第十缪斯""美洲凤凰"。
她胸前佩戴的大徽章，
是西班牙并墨西哥一种传统的荣誉标志。
她以写作爱情诗著称，
长诗《初梦》《神圣的纳尔西索》
是"17 世纪一个西班牙美洲人创作的最好的作品"。
她在修道院生活了 28 年，
搜集了 4000 册书籍，购置了许多科学仪器，
所在的修道院成为当时墨西哥的文化中心。
她说："好是坏的反面，悲是乐的影子。"
"我只愿在真理的追求中，
消磨人生的空虚，
而不愿在空虚中消磨人生。"

加拿大 / 加元 / 乔治六世

面　　额：10 加元

首发年份：1937 年

规　　格：154mm×72 mm

正面图案：乔治六世 George VI（1895—1952），原名阿尔伯特·弗雷德里克·亚瑟·乔治，英国及大英帝国各自治领国王，末任印度皇帝及首任英联邦元首

背面图案：形似希腊神话中奥林匹斯十二主神之一赫尔墨斯的现代人雕塑

他是意外成为英国国王的著名"结巴国王"。

他有着非凡经历，
是自威廉四世以来唯一一位在前线参加过战争的英国君主，
王室中第一位获得全面资格飞行员认证的成员。
二战时期，他总是一身戎装率王室与人民一起战斗，
是英国人民勇气和毅力的象征。
他说："去民众那儿转转，让他们引导你。"
他发表了最艰难和著名的《国王的演讲》，
也使他成为英国历史上最著名的国王之一。
他说："在这个重要的时刻，
在我们的历史里，我向每个家庭传达我的思想……
大家团结一致……我们被迫卷入冲突，
我们必须保护自己保护国家，如果你愿意，
请拿出你的力量，我们必须坚强起来，抵抗敌人……
我们只能做我们认为对的，并向神喊出我们的呼声。
如果大家都饱含信心，并能取得援助，
我们就会胜利！"

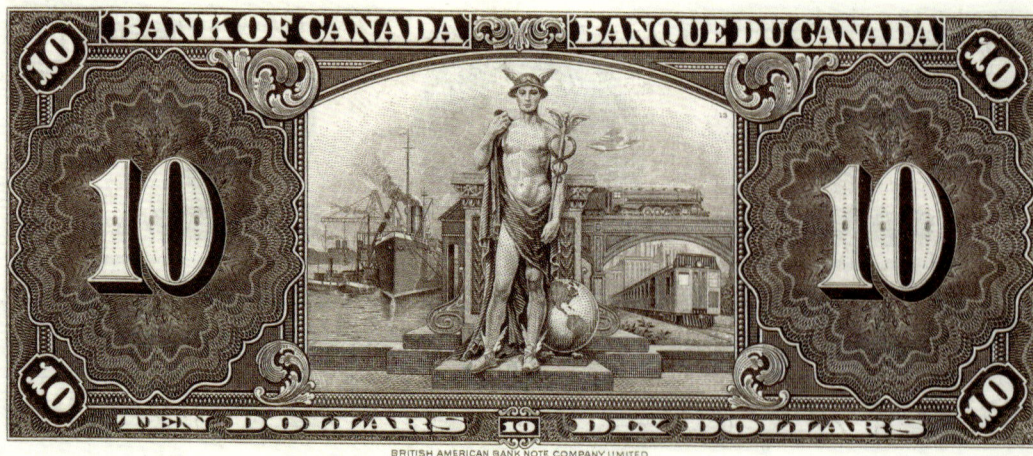

加拿大 / 加元 / 麦克唐纳

面　　额：10 加元

发行年份：1971 年

规　　格：152mm×70mm

正面图案：约翰·亚历山大·麦克唐纳 John Alexander
　　　　　Macdonald（1815—1891），爵士、加拿大第一
　　　　　任总理。左侧为加拿大国徽

背面图案：加拿大安大略省萨尼亚化工厂

他被誉为"加拿大国父"，
为加拿大自治领联邦政府的创建立下历史功勋。
他热衷于自己的英国血统，
黑色的眼睛充满着孩子般的淘气和成年人的智慧。
他谈吐高雅而诙谐，
比起苛求于他的人更具加拿大人的气质。
他利用传奇般的政治技巧，联合各种政治力量，
组建起横贯北美大陆的新国家。
他两任总理，提出最初的三项国家政策，
为加拿大早期经济的繁荣奠定了基础。
他对中国人在加拿大历史建设中的作用和贡献，
给予了如实肯定。
他说："没有华工，太平洋铁路 CPR 不可能如期完工，
也不可能有（加拿大）西部的开发。"

美国／美元／富兰克林

面　　额: 100美元

发行年份: 1929年

规　　格: 156mm×66.3mm

正面图案: 本 杰 明·富 兰 克 林 (Benjamin Franklin 1706—1790)，美国政治家、科学家和发明家

背面图案: 美国独立纪念馆 (又名费城独立厅)

他被誉为美国智慧和财富的化身，
是独立战争时期《独立宣言》的起草者。
歌德称他为"第二个普罗米修斯"，
杜尔哥说: "他从苍天那里取得了雷电，
从暴君那里取得了民权。"
他具有超凡的智慧和高尚的品格，
他为自己设立了节制、勤奋、诚信、正义、
谦卑等13个美德清单，是他为人做事的原则。
他说: "我逐渐确信人际关系中的真实、诚信、
正直对于人生的幸福至关重要。"
"待人公正，不以不端的行为或者办事不诚实去伤害他人。"
"我一生从不吃一块不由自己的血汗换来的面包。"
"我未曾见过一个早起、勤奋、谨慎、
诚实的人抱怨命运不好；良好的品格、
优良的习惯和坚强的意志是不会被所谓的命运击败的。"
"你热爱生命吗？那么别浪费时间，因为时间是组成生命的材料。"
"如果有什么需要明天做的事，最好现在就开始。"

美国 / 美元 / 华盛顿

面　　额：1 美元

发行年份：1957 年

规　　格：156mm×66.3mm

正面图案：乔治·华盛顿 George Washington（1732—1799），
　　　　　美国政治家、军事家，美国第一总统

背面图案：象征性的设计"上帝之眼"与美国国徽

他是带领美国赢得独立战争的开国元勋，
主持制定了美国宪法，领导创立了民主政体。
他备受拥戴，拒绝连任第三届国家总统，
开创了摒弃终身总统、和平转移权力的范例。
他说："剑是我们捍卫自由的最后手段，
也是我们获得自由后应最先放下的东西。"
"我希望我将具有足够的坚定性和美德，
借以保持所有称号中，我认为最值得羡慕的称号：
一个诚实的人。""除了我们自己以外，没有人能贬低我们。
如果我们坚强，就没有什么不良影响能够打败我们。"
"我们越来越明白，对人类文明威胁最大、
破坏最惨烈的，是不受制约的权力；
其次才是自然灾害和人类的无知。"
"为什么我和你不一样？你知道吗？
你看到的是他不断在喝酒的丑态，而我看到的是他受伤的胃；
你在担心酒钱的时候，我已经打算去买解酒药了。"

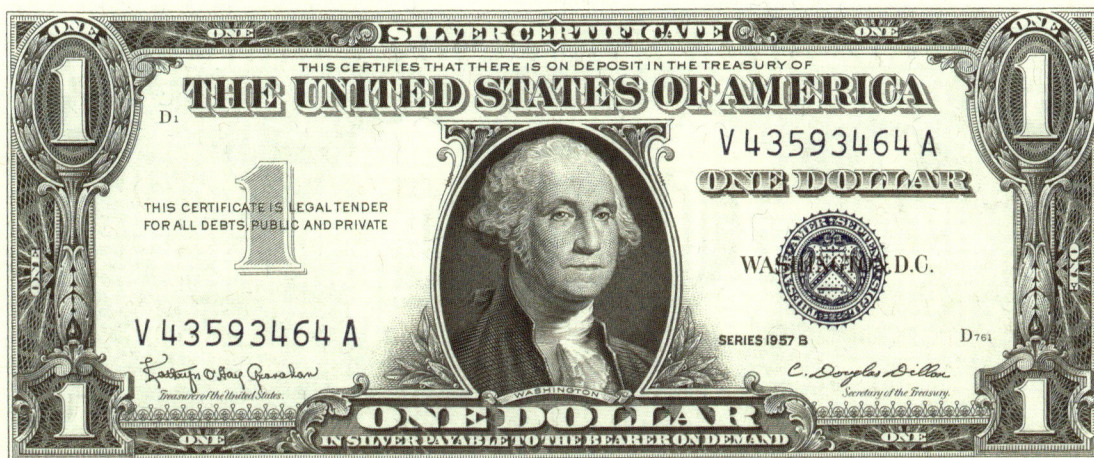

美国 / 美元 / 杰斐逊

面　　额：2 美元

发行年份：1963 年

规　　格：156mm×66.3mm

正面图案：托马斯·杰斐逊 Thomas Jefferson（1743—1826），
　　　　　美国政治家、思想家，美国第三任总统

背面图案：托马斯·杰斐逊故居

他扶笔起草了《独立宣言》，被誉为"自由的使者"，
是美国开国元勋之一，第三任总统和第一任国务卿。
他反对总统连任，在连任总统两届后主动辞职，
是继华盛顿之后又一个任总统不超过两届的范例，
美国宪法第 22 条修正案，使他的设想变成现实。
"当一个人承受众人的信托时，他应该视自己为众人的一份财产。"
"人一旦对公众职位投以渴望的目光，他的行为便开始腐化。"
"如果我们打算抵御无知和捍卫自由，
每位美国人都有责任了解一件公共事务的来龙去脉。"
他发起创建了弗吉尼亚大学并当选为校长。
他说："人人生而平等，
人人拥有造物主赋予的一些不可剥夺的权利，
包括生活、自由和追求幸福的权利。"
他为美国小学生亲撰入学誓词：
"我保证使用我的批评才能，我保证发展我的独立思想，
我保证接受教育，从而使自己能够做出判断。"

美国／美元／林肯

面　　额：5 美元

发行年份：1953 年

规　　格：156mm×66.3mm

正面图案：亚伯拉罕·林肯 Abraham Lincoln（1809—1865），美国政治家、思想家，美国第十六任总统，黑人奴隶制的废除者，被誉为"伟大的解放者"

背面图案：林肯纪念堂

他位列影响美国百位人物中的第一名，被誉为"伟大的解放者"，美国人于 1922 年特为他在华盛顿建立了纪念堂，令他载入史册的正是他的"人的情怀"。

他说："给别人自由和维护自己的自由，两者同样是崇高的事业。"

"不要问你的国家能够为你做些什么，而要问你可以为国家做些什么。"

"我未必稳操胜券，却始终以诚处世；我未必马到成功，却不忘心中真理。"

"对任何人不怀恶意，对一切人心存宽厚，按上帝的指引坚持正义。"

"你不用责怪他们，同样的情况换上我们，大概也会这么做。"

"一个人 40 岁以前的脸是父母决定的，但 40 岁以后的脸是自己决定的。一个人要为自己 40 岁以后的长相负责。"

"你可以在某些时间里欺骗所有的人，也可以在所有的时间里欺骗某些人，但你绝不能在所有的时间里欺骗所有的人。"

50 MIL PESOS

CIUDAD PERDIDA,
SIERRA NEVADA DE SA

50 MIL PESOS

CINCUENTA MIL PESOS

阿根廷 / 比索 / 庇隆夫人

面　　额：100 比索
发行年份：2012 年
规　　格：156mm×65mm
正面图案：艾微塔·庇隆 Eva Perón（1919—1952），阿
　　　　　根廷前总统胡安·庇隆的第二位妻子
背面图案：意大利罗马和平祭坛博物馆内的和平女神雕塑

她出身低贱，年轻时崇尚美貌，曾名声不好，
她要改变命运，成为积极的政治参与者，
她与庇隆结合，夫妇携手上台成为新的国家象征。
"你们的苦楚我尝受过，你们的贫困我经历过。"
她以"仁慈的救世主"和穷人的代言人令大众痴迷。
33 岁香消玉殒留下精彩一幕，瞬间而又永恒，
"庇隆夫人"至今仍然是阿根廷民族的图腾。
"永不凋谢的玫瑰"60 年后在纸币上依然风光无限。
《阿根廷别为我哭泣》歌声久远：
"阿根廷，别为我哭泣！
事实上我从未离开过你，在那段狂野岁月里，疯狂历程中，
我信守诺言。别将我拒之门外。
我是否说得太多？
我想不出还能向你表白什么。
但你所要做的只是看着我，
你就会知道每字每句都是真情。"

哥伦比亚 / 比索 / 马尔克斯

面　　额：50000 比索

发行年份：2016 年

规　　格：148mm×66mm

正面图案：加夫列尔·加西亚·马尔克斯 Gabriel García
　　　　　Márquez（1927—2014），哥伦比亚作家和社
　　　　　会活动家

背面图案：哥伦比亚土著形象和居屋

他是拉丁美洲魔幻现实主义文学的代表人物，
也是拉美"文学爆炸"的四大主将之一。
1982 年诺贝尔文学奖得主，
《百年孤独》《霍乱时期的爱情》是他的代表作。
他一生坎坷，留下了许多人生感悟的经典话语，
他说："我们趱行在人生这个亘古的旅途，在坎坷中奔跑，
在挫折里涅槃，忧愁缠满全身，痛苦飘洒一地，我们累，
却无从止歇；我们苦，却无法回避。"
"趁年轻，好好利用这个机会尽力去尝遍所有的痛苦，
这种事可不是一辈子什么时候都可以遇到的。"
"社交生活的关键在于学会控制恐惧，
夫妻生活的关键在于学会控制厌恶。"
"生命中真正重要的不是你遭遇了什么，
而是你记住了哪些事儿，又如何铭记的。"
"生命中曾经拥有过的所有灿烂，
最终都需要用寂寞来偿还。"

委内瑞拉／玻利瓦尔／玻利瓦尔

面　　额：1000 玻利瓦尔
发行年份：1998 年
规　　格：157mm×69mm
正面图案：西蒙·玻利瓦尔 Simón Bolívar（1783—
　　　　　1830），委内瑞拉西班牙血统的贵族，
　　　　　大哥伦比亚共和国总统，委内瑞拉著名政
　　　　　治家、思想家、革命家和军事家
背面图案：油画《独立宣言的签署》

由贵族子弟到南美独立战争的先驱和领袖，
他先后领导军队从西班牙殖民统治中解放了南美洲的
委内瑞拉、哥伦比亚、厄瓜多尔等多国，
参与建立了大哥伦比亚共和国，被称为"解放者""南美洲的华盛顿"。
他说："为了我的祖国，为了我的尊严。
我发誓，只要西班牙政权的殖民枷锁还套在我们身上，
我就要不停地战斗。"
"最完美的政府制度是那种能够提供最大的幸福、
最大的社会安全和最大的政治稳定的制度。"
面对分裂的危机和自己病危的身体，
他叹道："在我同你们诀别的时候，
我对你们的亲密感情驱使我倾吐最后的愿望。我唯一渴望的荣誉，
就是大哥伦比亚的巩固。保持联盟会带来无可估量的裨益，
你们大家都应为此贡献力量……
大哥伦比亚的同胞们，我的最后愿望是祝福祖国。
如果我的死有助于结束派系之争，巩固联盟，
我将瞑目进入坟墓。"

智利 / 比索 / 米斯特拉尔

面　　额：5000 比索

发行年份：2005 年

规　　格：155mm×69mm

正面图案：加夫列拉·米斯特拉尔 Gabriela Mistral（1889—
　　　　　1957），智利著名女诗人，1945 年诺贝尔文学
　　　　　奖获得者

背面图案：诺贝尔文学奖章背面雕刻图案

她是拉丁美洲第一位获得诺贝尔奖的女诗人，
纸币背面是诺贝尔文学奖章的雕塑图案。
她从 14 岁起在地方报刊发表诗歌，
其变调的爱情诗篇《死的十四行诗》，
在圣地亚哥的"花节诗歌比赛"中获第一名。
她曾在中学任教，历任教务主任、校长等职，
1922 年，她应邀到墨西哥参加教育改革工作，
同年，她的第一本诗集《绝望》出版。
评论家称：她以火一般的爱的激情，冲破了深邃的内心世界，
倾泻了爱情中人所可能有的种种心理感受，
为抒情诗的发展开辟了新的道路。
此后她又出版了诗集《柔情》和《有刺的树》，
1945 年，她被授予诺贝尔文学奖，授奖词说：
她那由强烈感情孕育而成的抒情诗，
已经使得她的名字成为整个拉丁美洲世界渴求理想的象征。
她将"圣诗颂歌同天真童谣奇特地交织在一起"，
是一位"悲哀和母爱的伟大歌手"。

智利 / 比索 / 米斯特拉尔

面　　额：5000 比索

发行年份：2005 年

规　　格：155mm×69mm

正面图案：加夫列拉·米斯特拉尔 Gabriela Mistral（1889—
　　　　　1957），智利著名女诗人，1945 年诺贝尔文学
　　　　　奖获得者

背面图案：诺贝尔文学奖章背面雕刻图案

她是拉丁美洲第一位获得诺贝尔奖的女诗人，
纸币背面是诺贝尔文学奖章的雕塑图案。
她从 14 岁起在地方报刊发表诗歌，
其变调的爱情诗篇《死的十四行诗》，
在圣地亚哥的"花节诗歌比赛"中获第一名。
她曾在中学任教，历任教务主任、校长等职，
1922 年，她应邀到墨西哥参加教育改革工作，
同年，她的第一本诗集《绝望》出版。
评论家称：她以火一般的爱的激情，冲破了深邃的内心世界，
倾泻了爱情中人所可能有的种种心理感受，
为抒情诗的发展开辟了新的道路。
此后她又出版了诗集《柔情》和《有刺的树》，
1945 年，她被授予诺贝尔文学奖，授奖词说：
她那由强烈感情孕育而成的抒情诗，
已经使得她的名字成为整个拉丁美洲世界渴求理想的象征。
她将"圣诗颂歌同天真童谣奇特地交织在一起"，
是一位"悲哀和母爱的伟大歌手"。

RESERVE BANK OF
NEW ZEALAND

FIVE
DOLLARS

NK OF

AND

RS

HOIHO

THOMA

澳大利亚 / 澳元 / 弗洛里、罗斯

面　　额：50 澳元

发行年份：1994 年

规　　格：165mm×82mm

正面图案：霍华德·沃尔特·弗洛里 Howard Walter Florey
　　　　　（1898—1968），澳大利亚裔英国著名病理学家、
　　　　　教授，1945 年诺贝尔生理学或医学奖获得者。弗
　　　　　洛里用过的教学设备

背面图案：克卢尼斯·罗斯（Clunies Ross（1899—1959），澳
　　　　　大利亚科学家。罗斯所进行的太空研究

1943 年第二次世界大战的最后战役阶段，
一种被盟军士兵称为"救命药"的青霉素，
大批量进入战场，一下挽救了无数受伤士兵的生命。
青霉素因其显著功效成为二战时期最伟大的发明。
它的成功经历了三位伟大科学家前赴后继的努力，
弗洛里是其中重要的一位。
他是谢菲尔德大学和牛津大学病理学教授，
在弗莱明关于青霉素研究论文启发下，
他与钱恩等科学家组成研究团队，
全力研究青霉素的提纯方法，
并实验证明了青霉素的疗效。
在前线战场的紧急需求和国际合作下，
青霉素终于得以批量生产，
他和弗莱明等共获 1945 年诺贝尔生理学或医学奖。
他说："没有科技，生活会变得艰难。"

新西兰／新西兰镑／库克

面　　额：1 新西兰镑

发行年份：1945 年

规　　格：154mm×84 mm

正面图案：詹姆斯·库克 James Cook（1728—1779），
　　　　　英国皇家海军军官、航海家、探险家和绘图师

背面图案："奋进"号远洋帆船

他被通称为"库克船长"，
被誉为澳大利亚"建国之父"。
1768 年，他率领"奋进"号军舰，
前往太平洋考察天文，
并秘密探索"未知的南方大陆"。
他进行了历史上首次环绕新西兰的航行，
成为首批登陆澳大利亚东岸的欧洲人之一，
从此开创了澳大利亚的建国之始。
他一生三度出使太平洋，
完成了人类历史上第一次环南极航行，
并在 1773 年 1 月实现横跨南极圈的创举，
6 年后，他意外身亡在寻找西北航道途中的夏威夷岛上。
他说："我打算不止于比前人走得更远，
而是要尽人所能走到最远。"
"只要做一次别人说你不能完成的事，
以后别人说你的极限如何，你都不会在意。"
"我在地球表面留下的不是痕迹，而是我的名字。"

新西兰／新西兰元／卢瑟福

面　　额：100 新西兰元

发行年份：1992 年

规　　格：155mm×74mm

正面图案：欧内斯特·卢瑟福 Ernest Rutherford（1871—
　　　　　1937），英国著名物理学家。左侧为诺贝尔化
　　　　　学奖奖章的背面图案：母性与生育之神

背面图案：新西兰黄头金丝雀、红桦树，左下角是南岛地
　　　　　衣飞蛾

他是 20 世纪最伟大的实验物理学家之一，
他发现了放射性元素的嬗变，以及放射性半衰期，
在研究原子结构和放射现象方面做了开创性工作，
由此获得 1908 年的诺贝尔化学奖。
1911 年，他根据 α 粒子散射实验现象，
提出了原子核式结构模型，
又称卢瑟福模型（行星模型），
成功地证实了原子核的存在，被誉为"原子核物理学之父"。
他说："我们不一定要是天才，
但我们知道自己的目标和计划；
我们会时常受到挫折，但不要失去热情。"
"假如没钱的话，我们就必须使用头脑。"
"科学家不是依赖于个人的思想，
而是综合了几千人的智慧，
所有的人想一个问题，并且每人做它的部分工作，
添加到正建立起来的伟大知识大厦之中。"

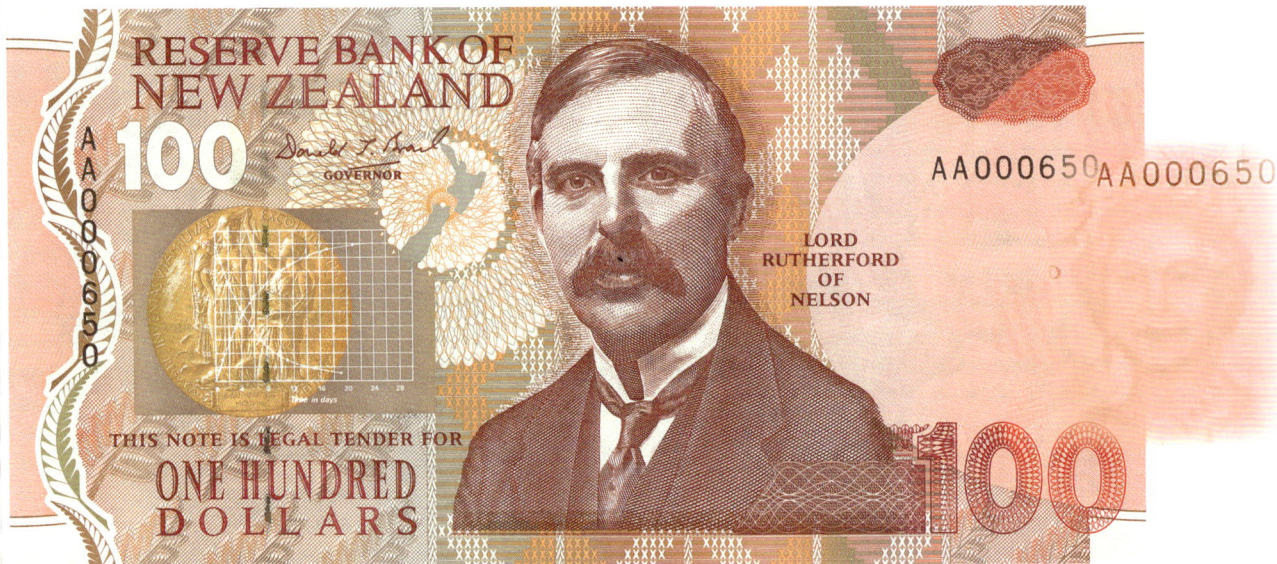

新西兰 / 新西兰元 / 希拉里

面　　额：5 新西兰元

发行年份：1992 年

规　　格：135mm×66mm

正面图案：埃德蒙·希拉里 Edmund Hillary（1919—2008），
新西兰籍世界最著名的登山家、探险家。左侧是新
西兰最高的山峰库克山

背面图案：世界稀有的黄眼企鹅与新西兰特有的植物坎贝尔
岛菊花

他是世界上第一位登上珠穆朗玛峰顶的人，
1953 年 5 月 29 日，他和尼泊尔向导丹增·诺尔盖一起，
第一次站在了世界之巅。
此后一段时期，他还登上了喜马拉雅山脉
所有 6000 米以上的 11 座山峰，
并完成了独自穿越南极和到过北极的壮举，
成为世界上唯一一个踏遍"三极"的人。
他说："我们不知道人类是否会登顶世界之巅。"
"最后几步艰难跋涉后，眼前豁然开朗，
我们头上除了天空，什么都没有，没有冰檐，
没有冰塔。我们齐肩站在顶峰。"
"我们征服了珠穆朗玛。"
他不仅因为第一个登上珠峰而成为英雄，
还因为他为保护自然环境自觉付出的努力，
以及对当地贫困人群的慷慨资助而扬名世界。
他说："我们要征服的不是高山，而是我们自己。"

INSTITU

LE PRÉSIDENT DU CONSEI
DE SURVEILLANCE,

RÉPUBLIQUE FRANÇAISE

.001 DIX MILL

D'ÉMISSION D'OUTRE-MER

21292336

IRECTEUR   LE DIRECTEUR
NÉRAL.

FRANCS C.F.P

法属波利尼西亚 /

太平洋结算法郎 /

侯爵夫人

面　　额：10000 太平洋结算法郎

发行年份：1992 年

规　　格：172mm×91mm

正面图案：波利尼西亚侯爵夫人，傍晚时分的海边村寨

背面图案：波利尼西亚女人，珊瑚礁中的热带鱼

附录

它来自南太平洋的法国海外领土，
是波利尼西亚岛上的一种太平洋结算法郎。
波利尼西亚风景优美，物产富饶，
被认为是"最接近天堂的地方"，
那里的居民过着无忧无虑的神仙般生活。
头戴花环的波利尼西亚女人，
一头漂亮乌黑的秀发，
夕阳的余晖洒在她的脸上，
留下了橙金色的光芒。
据说她是塔希提岛侯爵夫人，
傍晚的海边村寨，金色的天空、缤纷的海洋，
那天堂般的地方是她的家乡。

圣多美和普林西比 / 多布拉 / 阿马多尔

面　　额：50000 多布拉

发行年份：2004 年

规　　格：150mm×67mm

正面图案：雷·阿马多尔 Rel Amador（16—17 世纪），
　　　　　圣多美和普林西比 17 世纪反对葡萄牙殖民统
　　　　　治的民族英雄。当地特有的翠鸟

背面图案：圣多美和普林西比行政楼

附录

它位于西非近赤道海岸，
是非洲世界最不发达的国家之一。
16 世纪初，两岛沦为葡萄牙殖民地，
在奴隶贸易时期是欧洲贩卖黑奴的转运站，
由于殖民者的残酷虐待，奴隶大量死亡，
两岛奴隶联合起义，纸币上的黑人雷·阿马多尔就是反抗
葡萄牙白人奴隶主的英雄。
历经葡萄牙、荷兰、法国 400 多年的占领，
1975 年，圣普正式获得独立，成立民主共和国。
两岛旖旎的风光被称作"地球上的天堂"，
漂亮的纸币发行是扩展旅游业的一个手段，
这张纸币上的翠鸟名叫"黑翅鱼狗"，
因善于捕鱼、是当地独有的鸟类而登上纸币。

冰岛货币克朗在冰岛语中是"皇冠"的意思，
冰岛纸币也具有非常高的颜值和深厚的文化含义。
这张纸币上的女人是当地文化的代表人物，
对冰岛刺绣文化的发展有着重大的贡献。
她穿戴着的华丽的服饰与特色高帽，
是 17、18 世纪时尚与高贵的象征。
她是主教的妻子，
微弯的双眉、明亮的眼睛闪烁着聪明与才智，
圆润的脸庞、微凸的下巴透出快乐与富足。
她是冰岛最为著名和活跃的裁缝，
被认为是当时婚姻最幸福的女人。

附录

冰岛 / 克朗 / 荣斯蒂尔

面　　额：5000 克朗

发行年份：2001 年

规　　格：155mm×70mm

正面图案：拉格希尔·荣斯蒂尔 Ragnheiur Jónsdóttir
　　　　　（1646—1715），冰岛名媛、著名的女裁缝

背面图案：荣斯蒂尔教导她的两个学生

世界十大最美纸币

无情的岁月使她变老,

但她祥和的面容不变,气度风韵依然,

就像《海达群岛之精神》,如同神话一样的存在。

设计师把世间最明艳的风景和对女王最浓烈的情感糅合起来,

挥洒在这张纸币之上。女王说:"献出我的心,并献身于这些

古老的岛屿和我们兄弟国家的所有人民。"

"我们认为我们的家是温暖、熟悉和充满爱的地方;

共同的故事和回忆,这也许就是为什么,

在每年的这个时候,那么多人会回到他们长大的地方。

家的吸引力有一种永恒的简单。"

"我相信,无论是年轻人还是老年人,

我们都有足够的信心和希望去期待,

也有足够的骄傲去回忆。"

"每一天都是一个新的开始。

我知道唯一的生活方式就是努力做正确的事,

从长远的角度看问题,

在每一天中尽我最大的努力,并相信上帝。"

加拿大 / 加元 / 伊丽莎白二世

面　　额:20 加元

发行年份:2004 年

规　　格:152mm×70mm

正面图案:女王伊丽莎白二世 Her Majesty Queen Elizabeth
II(1926—2022)。背景为加拿大国会大厦中庭

背面图案:青铜雕塑《海达群岛之精神》、木雕《乌鸦和人
的诞生》等,体现了早期的印第安人的生活场景

2004 年世界最佳纸币

他是一位拒绝"桂冠诗人"称号的诗人，
长诗《玛密恩》《湖上夫人》是他的著名作品；
他也是一位被尊为历史小说创始人的作家，
《威弗利》《艾凡赫》是他的最成名之作。
27 部小说以无与伦比的成就，
终使他成为英语历史文学的一代鼻祖。
他说："高尚的人无论走向何处，
身边总有一个坚强的捍卫者——那就是良心。"
"每个人的良心就是为他引航的最好向导。"
"幽默是多么艳丽的服饰，
又是何等忠诚的卫士！
它永远胜过诗人和作家的智慧；
它本身就是才华，它能杜绝愚昧。"

（英）苏格兰 / 苏格兰镑 / 瓦尔特·司各特

面　　额：50 苏格兰镑

发行年份：2007 年

规　　格：156mm×85mm

正面图案：瓦尔特·司各特 Walter Scott（1771—1832），
　　　　　生于英格兰，英国著名诗人、历史小说家

背面图案：世界上唯一可以旋转的船舶升降机——苏格兰福
　　　　　尔柯克轮

2007 年世界最佳纸币

后记

　　《世界纸币上的名人》历经多年反复增删和修改，终于得以付印。纸币有着极强、极专业的知识，本书或有种种不足，还请读者指谬。在编辑过程中，得到张毅强、张娜、Christopher Webster 等朋友的真诚相助，特别是业内专家李礼东、刘权二位提供的一些珍贵资料，对提升此书的品质，有着重要作用。在设计制作过程中，得到蒋艳教授、王庚飞先生及雅昌艺术印刷有限公司业务经理王小鹏、徐欢欢的鼎力支持，在此一并表示诚挚的感谢！

2024 年 8 月

图书在版编目（CIP）数据

世界纸币上的名人 / 王宝生编著. --北京：作家
出版社，2024.9
ISBN 978-7-5212-2900-4

I.①世… Ⅱ.①王… Ⅲ.①名人–生平事迹–世界
IV.①K812

中国国家版本馆CIP数据核字(2024)第103303号

世界纸币上的名人

编 著 者	王宝生
责任编辑	杨新月　韩　星
装帧设计	合和工作室
出版发行	作家出版社有限公司
社　　址	北京农展馆南里10号　　邮编 100125
电话传真	86-10-65067186（发行中心及邮购部）
	86-10-65004079（总编室）
E-mail:zuojia@zuojia.net.cn	
http://www.zuojiachubanshe.com	
印　　刷	北京雅昌艺术印刷有限公司
成品尺寸	205×265　1/16
字　　数	80千
印　　张	11.5　　插页2
版　　次	2024年9月第1版
印　　次	2024年9月第1次印刷
书　　号	ISBN 978-7-5212-2900-4
定　　价	128.00元